소소한 자본으로도 할 수 있는
창업 아이템

Bokutachi wa Jimi na Kigyo de Kutteiku

Copyright © 2019 Yuichi Tanaka
All rights reserved.
Originally published in Japan by SB Creative Corp.,
Korean translation rights arranged with SB Creative Corp.,
through Shinwon Agency Co., Ltd.
Korean translation copyright ©2025 by Dodreamedia

평범한 사람이 성과 내는
특별한 창업 비법

다나카 유이치(田中祐一) 지음,
이성희 옮김, 서승범 감수

소소한 자본으로도 할 수 있는

창업
아이템

두드림미디어

우리는 흔히 '창업'이라고 하면 혁신적인 아이디어, 독보적인 재능, 강력한 네트워크가 필수라고 생각합니다. 하지만 이 책《소소한 자본으로도 할 수 있는 창업 아이템(僕たちは, 地味な起業で食っていく)》은 그러한 고정관념을 뒤집고, 누구나 실천할 수 있는 '소소한 창업'이라는 현실적인 생존 전략을 제시합니다.

저자인 다나카 유이치는 대기업 퇴사 후 창업을 시도했다가 단기간에 큰 실패를 경험했습니다. 그러나 '소소한 창업법'을 실천하며 점차 경제적 독립을 이루었고, 그 과정에서 깨달은 핵심 원칙을 이 책에 담았습니다.

이 책이 제시하는 '소소한 창업'이란, '자신의 작은 기여를 돈으로 바꾸는 방법'을 의미합니다. 기존의 '하고 싶은 일'이나 '특별한 능력'을 기준으로 창업을 고민하는 것이 아니라, 다른 사람의 어려움을 해결하는 것을 중심으로 창업에 접근하는 방식입니다. 단순한 서포트 업무, 자료 정리, 일정 관리, 블로그 운영 지원, 영상 편집 등 우리가 당연하다고 여겼던 일들이 누군가에게는 반드시 필요한 가치가 될 수 있음을 강조합니다.

이 책은 특히 다음과 같은 분들에게 강력히 추천합니다.

☑ 창업을 하고 싶지만, 무엇부터 시작해야 할지 모르는 분
☑ 본업과 병행할 수 있는 현실적인 부업을 찾는 분
☑ '내가 좋아하는 일'이 무엇인지 몰라 고민하는 분
☑ 경제적 자립을 이루고 싶지만 리스크를 최소화하고 싶은 분

책에서는 '소소한 창업'의 원칙뿐만 아니라, 이를 실천할 수 있는 구체적인 방법과 성공 사례를 통해 지속 가능한 창업 모델을 제시합니다. 또한 '자신이 주인공이 되는 창업'이 아니라, '다른 사람을 돕는 과정에서 자연스럽게 기회가 생기는 창업'이라는 접근법을 제시하며, 많은 사람들이 창업에 대해 가지는 두려움을 덜어줍니다.

무엇보다 저자는 '창업은 계획보다 실행이 먼저'라고 강조합니다. '완벽한 계획'을 세우느라 시간을 낭비하는 것이 아니라, 작고 소소한 일이라도 당장 시도해보는 것이 중요하다고 이야기합니다. 또한, '소소한 창업'은 단기간의 성공이 아니라 장기적인 관점에서 꾸준히 신뢰를 쌓아가며 자신만의 시장 가치를 높이는 과정임을 설명합니다.

창업을 어렵게만 느꼈던 분이라면, 이 책을 통해 창업에 대한 새로운 시각을 얻을 수 있을 것입니다. 우리는 모두 특별한 재능이 없어도, 혁신적인 아이디어가 없어도, 소소한 방식으로 충분히 창업할 수 있습니다. 그리고 그것이야말로 앞으로의 시대에 가장 현실적이고 지속 가능한 창업 방식이 될 것입니다.

비즈니스 트랜스포메이션 코치
간다 마사노리 한국 비즈니스 파트너
나홀로비즈니스스쿨 대표 **서승범**

'지금 다니는 회사에서 계속 일할 수 있을까?
'이직해서 다른 회사에 갈까?'
'어떤 커리어가 나에게 맞을까?'
'이대로 회사에 남을 수밖에 없을까?'

지금 이런 고민과 불안감을 느끼고 있는 당신!

특별히 '하고 싶은 것'과 '목돈',
'명확한 비전'이 없어도

다른 어떤 일자리보다 안전하게
경제적으로 자립할 수 있는 놀라운 비즈니스가 있습니다.

그것이 바로 '소소한 창업'입니다.

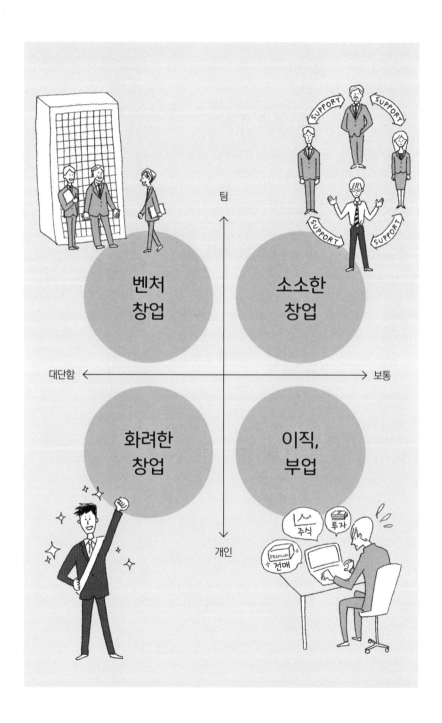

팀

대단함 ← → 보통

벤처
창업

소소한
창업

화려한
창업

이직,
부업

개인

우리가 알고 있는 '창업'은 '화려한 창업'입니다.
자금도 있어야 하고, 남들보다 뛰어난 기술,
인맥, 재능, 비즈니스 모델….
여러 가지가 있어야 합니다.

반면 '소소한 창업'에서 필요한 것은
스마트폰과 컴퓨터, 그리고 약간의 '소소한 능력'.
딱 이것만 있으면 됩니다.

소소한 자본으로도 할 수 있는 창업 아이템

소소한 창업

지금 당장은 회사를
그만둘 수 없다

남들 모르게 수입을
늘리고 싶다

잘하는 것,
정말 하고 싶은 것이
특별히 없다

돈벌이의 소재가
될 만한 취미가 없다

더 좋은 평가를
받고 싶다

다른 사람을
서포트하는 것이 특기

착실하게
일하는 것이 특기

저축한 돈이 거의
없어서 장래가 불안

필요한 것　·스마트폰　　·컴퓨터　　·소소한 능력

화려한 창업

저축한 금액이
일단 500만 엔 이상

매장을 차려 자신만의
상품을 팔고 싶다

영향력이 있는
인플루언서가 되고 싶다

나는 무엇이든
할 수 있다

좋아하는 일을 하며
돈을 번다

자신의 기술로
연수입 100만 엔

자신의 미래는
무한한 가능성!

대단한 커리어 성장이
목표

필요한 것　·자금 조달　·비즈니스 모델　·넘치는 자신감
·뛰어난 기술　·법인등기　　·인맥
·자격　　　·설비 투자

11

'소소한 창업'은

여러분이 평상시 하고 있는 것들을

돈으로 바꾸는 비즈니스 방식입니다.

소소한 창업은 지금 당신이 가지고 있는 불안을 없애주고,

당신의 인생에 '진정한 안정감'이 되어줄 것입니다.

자, 우리 소소한 창업의 길로 한 발 내딛어볼까요?

차례

'소소한 창업'에 대해 생각해보자
평생 먹고살 걱정 없이 정말 만족할 수 있는 직업을 찾는 방법

 회사를 그만두지 않고도 수입이 급상승했다

'소소한 창업'에 도전해보자
한 사람, 한 사람에게 딱 맞는 소소한 돈벌이 아이디어 실제 사례집

COLUMN 2 **'특기'가 없어도 금세 경제적으로 자립할 수 있다**
오와키 시게요시(大脇 茂佐, 남성, 30대, 프로듀서) … 127

'소소한 기술'을 무기로 삼으면
개인의 '시장 가치'가 올라간다

'회사'는 더 이상 '개인'을 보호해주지 않는다

안녕하세요. 저는 다나카 유이치입니다. 이 책의 제목을 보고 표지를 펼친 여러분은 '이대로 지금 다니는 회사에 있을 수밖에 없는 걸까?' 하고 장래의 커리어에 막연한 불안감을 느끼고 있을 것입니다. 아니면 '지금 하는 업무는 별로야. 그만둘까?' 하는 생각을 하고 있을지도 모릅니다.

저는 그런 고민을 안고 있는 사람들을 위해 이 책을 쓰게 되었습니다.

저 역시 회사에서 사회인으로서 첫걸음을 내디뎠습니다. 대학교를 졸업한 후, IT 개발 관련 대기업인 NTT 데이터라고 하는 회사에 취직했던 저는 시스템 엔지니어로서 일했습니다. 일이 굉장히 바빴기에 주말에도 출근하거나, 퇴근하지 못한 채 회사에서 숙식을 해결한 적도 있었습니다. 하지만 팀을 총괄하고 고객과 함께 어려움을 헤쳐나가는 경험은 매우 즐거웠습니다. 무엇보다 업무에 대한 보람도 느끼고 있었습니다.

하지만 때때로 불안감이 덮쳐오기도 했습니다.

'이대로 이 회사에서 계속 일해도 앞으로 괜찮은 걸까?'
'요즘 같은 시대에 회사가 평생 돌봐줄 것도 아니고….'
'회사에서 일하는 것 말고도 무언가를 하는 것이 좋지 않을까?'
'인구도 감소하고 있고, 산업도 전반적으로 하향세인데, 애초에 이 나라 자체가 위험한 것이 아닐까? 해외로 눈을 돌려 어디에서나 일할 수 있게 해야 할지도 몰라.'

이런 식으로 앞날을 생각하다 보면 답답해진 적이 한두 번이 아닙니다. 그래서 제 나름대로 여러 가지 행동을 하고 있었지요.

회사에서는 '이 회사에 계속 있으면 이 회사에서만 통용되는 기술을 터득하게 될 것'이라고 했습니다. 물론 회사에서 오래 일하면 일할수록 일하기 쉬워지는 것은 사실입니다. 하지만 그것은 조정 능력이나 정치력이라고 하는, '사내 한정'인 기술을 몸에 익힌 결과일 뿐입니다. 이것은 회사 밖으로 한 발자국 나가 환경이 변하는 순간, 먹히지 않을 기술입니다. 노력을 거듭해 이런저런 기술을 몸에 익혔어도, 그것은 어디까지나 '사내'에서만 통용되는 기술이기에 이직 시장에서 '시장 가치가 낮은 인재'로 평가받는다면, 미래 전망이 막힐 수밖에 없습니다.

물론 주변에는 이직에 성공해 활약하고 있는 선배도 있었어요. 하지만 자신에 대해 그다지 자신감이 없는 저는 이직해도 지금보다 조건이 좋아질 가능성은 작다고 생각했어요. 이직을 한 번이라도 하면 연봉이나 퇴직금이 낮아질 확률이 높다는 통계 데이터를 본 적도 있었지요. 그래서 비관적인 마음이 컸습니다. 그리고 이미 회사를 뛰쳐나가 창업한 선배에게서 들은 한마디가 가장 마음에 꽂혔습니다. "아무리 우수한 학생이라도 회사에서 5년만 일하면 그저 그런 사람이 돼."

그 당시 저는 입사 4년 차였기에 선배가 말한 5년이 벌써 눈앞에 다가와 있었습니다. 회사에서 무턱대고 일만 한 결과, 특출날 것 하나 없는 '평범한 사람'이 되는 미래가 기다리고 있다면…. 상상만 해도 무서워졌습니다.

어떤가요? 이것은 제가 일하던 회사에 국한된 이야기가 아닙니다. 분명 이 말에 공감하는 사람도 많을 것입니다.

나카니시 히로아키(中西宏明) 경단련('일본경제단체연합회'의 약칭)

회장이 종신 고용에 대해 "종신 고용 제도가 피로감을 불러일으키고 있다"라고 말한 것이 화제가 되었습니다. 신문과 TV에서는 '충격적인 발언'처럼 다루었지만, 많은 직장인들은 이렇게 생각했을 거예요.

'알고 있었어.'
'당연하지.'

이제 개인이 정년을 맞이할 때까지 회사에 매달리는 시대는 끝나가고 있습니다.

예전에는 대기업에 취직한 순간, 어느 정도 장래가 보장되어 있었을지도 모릅니다. 하지만 지금은 무슨 일이 일어나도 이상하지 않은 시대입니다.

메가뱅크인 미즈호 은행조차도 직원들의 부업·겸업을 용인하는 새로운 인사 제도를 도입했지요. 미즈호 은행에서는 이전부터 관리직이 거래처에 파견되어 그대로 전적(轉籍, 원래 고용된 기업에서 다른 기업으로 적을 옮겨 종사하게 하는 것, 주로 자회사로 이동하는 경우가 많음)하는 '편도 티켓' 인사가 이루어지고 있었는데, 앞으로 이 제도가 임원들뿐만 아니라 젊은 직원들에게도 적용된다고 합니다.

어떤 커리어를 선택해도
평생 흔들리지 않는 '자기 중심축'을 찾자

　이러한 불확실한 세상에서 살아가기 위해서는 지금 일하고 있는 회사에만 의존하는 것이 아니라 경제적으로 자립하는 것이 매우 중요합니다. '경제적으로 자립할 수 있는 개인'이란, 회사에 있든 없든 주변 사람들에게서 '지명받을 수 있는 힘'을 가진 사람을 말하지요. '회사에 입사하기만 하면 안정적'이었던 시대가 끝난 지금, 회사에 다니고 있든, 그만두었든 간에, 다른 사람들로 하여금 '이 사람과 함께 일하고 싶다!'라고 생각하게 만들어야 합니다. 그래야 비로소 자신의 '시장 가치'를 최대치로 높일 수 있습니다.

　2019년 5월, 총무성(한국의 생활안전부와 유사)이 실시한 조사에 따르면, 총 노동인구는 6,732만 명이며, 그중 직장인으로 일하는 사람은 5,993만 명이라고 합니다. 즉, 이 나라에서는 '일하는 사람'의 약 90%가 회사에서 일하고 있는 셈이지요. 그리고 그들 대부분이 '직장에서 버는 수입 하나'로 일하고 있는 사람들입니다.

　하지만 앞서 언급한 것처럼, '회사에 정직원으로 들어가면 안정적'이라던 과거의 시대가 끝난 지금, 이러한 일하는 방식은 '안정성' 면에서 결여되어 있습니다. 또한 '커리어 성장'이라는 면에서도 불투명하지요.

왜냐하면, '현재 다니는 회사'에서 계속 일하며 얻을 수 있는 '커리어 성장'은 앞서 언급한 NTT 데이터 시절 선배의 말처럼, 어디까지나 '현재의 회사에서 통용되는 인재로서의 커리어 성장'에 불과하기 때문이에요.

직장인의 99%가 깨닫지 못하는
이직 리스크

따라서 많은 직장인이 고려하는 대책은 바로 이직입니다.

전체적인 경향을 보면, 직장 생활을 시작한 후 현재까지 '이직을 한 적이 있다'라고 응답한 사람은 52.5%나 됩니다. 직장인의 절반 이상이 이직을 경험한 셈이지요. 연령대별로 보면, 25~29세에서 '이직 경험'이 있는 사람이 35.5%, '이직을 고려'해본 적이 있다는 사람이 33.1%라는 결과가 나왔습니다. 즉, 약 70%의 사람이 직장에 다닌 지 3~7년 동안, 첫 직장을 그만두고 이직하거나, 이직을 고려해보는 것입니다.

'본받을 만한 선배가 없다.'
'야근 수당이 없다.'
'급여가 낮다.'
'평가 제도가 없다.'

'보너스가 없다.'

'미래가 보이지 않는다.'

이러한 문제로 고민하는 수많은 직장인이 '이직'을 결심하는 이유를 분석해보면 '커리어 성장', '수입 증가', '미래 전망이 있는 회사 입사', 이 세 가지를 얻기 위해서입니다. 하지만 이직을 통해 정말 이러한 것들을 얻을 수 있을까요? 저는 상당히 높은 확률로 'NO'라고 생각합니다.

그 이유는 한마디로 말하면, 이직해도 결국 직장인이라는 생활을 벗어나지 못하기 때문이지요. 아무리 탄탄한 기반이 있는 회사로 옮겨도 그 회사가 망할 가능성이 없는 것은 아닙니다. 또한, 다른 '더 좋은 조건의 회사'로 옮겨도 결국 그 회사 안에서만 통용되는 사람이 된다는 점은 어느 회사나 마찬가지입니다.

그리고 '커리어 성장'이나 '수입 증가'를 얻기 위해서는 '다른 사람보다 뛰어난 능력', '다른 사람보다 대단한 경험'이 필수입니다. 이런 '누구에게나 눈에 띌 만한 화려한 어필 포인트'가 없는 사람이 아무리 이직한다 한들 '지금보다 더 좋은 조건'을 얻을 가능성은 작을 것입니다. '이직으로 연봉 증가'라는 광고를 본 적이 있을지도 모르겠는데, 《고용의 상식》이라는 책에 의하면, '모든 연령층을 통틀어 이직을 한 번도 하지 않은 경우가 가장 연봉이 높고, 이직하면 할수록 평균 연봉이 낮아진다'는 데이터가 있다고 합니다.

즉, 많은 사람이 한 번쯤은 생각하는 '이직'에는 '큰 리스크'가 있는 것이지요.

저축, 하고 싶은 일, 비전…
전부 없어도 경제적으로 자립할 수 있는 비법

자! 그렇다면 어떤 식으로 일해야 개인으로서 '시장 가치'가 올라가고, '커리어 성장'도 '수입 증가'도 모두 이룰 수 있을까요?

이 모든 것을 이루어주는 가장 강력한 생존 전략, 그것이 이 책에서 소개하는 '소소한 창업'입니다.

'창업'이라고 하면 '모든 리스크를 감수한 채 하는 일생일대의 큰 도전'처럼 여기는 사람도 있을지 모르겠네요. 여러분이 자주 듣곤 하는 이러한 '창업'은 바로 '화려한 창업'입니다. 이 책에서 소개하는 '소소한 창업'은 세상에서 말하는 많은 리스크를 감수하고 하는 '창업(이 책에서는 이러한 '전통적인 창업'을 '화려한 창업'이라고 정의합니다)'과는 정반대의 방식이지요. 회사에 다니면서도 할 수 있고, 개인으로서 독립하는 형태로도, 누구나 바로 실천할 수 있습니다.

'이직' 또는 '화려한 창업'처럼 '눈에 띄는 기술'이나 '비전', '비즈니스 모델'이 전혀 없어도 됩니다. 사업을 시작하기 위한 '자금'도 특별히 필요 없어요. 오직 스마트폰과 PC만 있으면 됩니다.

한마디로 말하자면, '자료 작성, 일정 조정, 회의, 프레젠테이션' 처럼 직장인이라면 누구나 평소에 하고 있는 '소소한 기술'로 경제적으로 자립할 수 있는, 세상에서 가장 리스크가 낮고 매우 안전하게 일하는 방식인 거예요.

왜 제가 여러분에게 이렇게 열정적으로 '소소한 창업'을 추천하는지 쉽게 이해하실 수 있도록 직장인이었던 제가 소소한 창업에 이르게 된 여정을 간단히 이야기해보도록 하겠습니다.

굉장히 평범한 직장인이었던 내가
경제적 자립을 이루기까지

앞서 말했듯이, 저는 대학교를 졸업한 후 NTT 데이터에 입사해 시스템 엔지니어로 일하게 되었습니다. 시스템 엔지니어를 지망하게 된 이유는 그 당시부터 '앞으로는 IT 기술을 키워야 한다!'라는 생각이 있었기 때문입니다. 대학 선배들로부터 '시스템 엔지니어는 사회인에게 필수적인 커뮤니케이션 능력이 필요한 직업이다'라는 말을 들은 것도 큰 영향을 미쳤던 것 같네요.

여러 사람과 협상하고 사람들 사이를 중재하면서 큰 프로젝트를 완수하는 그런 일에 동경을 느끼던 저는 운 좋게도 제1지망으로 지원했던 회사 NTT 데이터에 정식으로 입사할 수 있게 되었습니다.

지금 돌이켜보면 저는 그렇게 뛰어난 직원이 아니었습니다. 무엇보다 입사 후에 받은 프로그래밍 연수 성적은 40명 중 40위였고, 입사 직후에는 '독수리타법으로 천천히 타이핑하는 수준'이었으니까 말이지요.

주변에는 도쿄대학교, 교토대학교, 와세다대학교, 게이오대학교 출신의 우수한 동기들이 가득했었지요. 그래서 회사 내에서 출세하며 활약하겠다는 생각은 애초에 포기하고, '모두가 어떻게 하면 기분 좋게 일할 수 있을까'를 생각하며 일을 하게 되었습니다. '프로젝트를 뒤에서 서포트하면서 팀에 기여한다', 이런 방식이 제 성격과도 잘 맞았고, 주말에 출근해서 일하는 것도 힘들지 않았습니다.

대기업이었기 때문에 제 또래 직장인들과 비교해 상대적으로 대우도 좋았다고 생각해요. 하지만 이런 대우에 안주한 채 계속해서 회사에 다니다 보면 언젠가 돌이킬 수 없게 될 것만 같다는 생각도 들었습니다. 예를 들어, 결혼하고 아이가 생기고 대출로 집을 사게 되면 그만두고 싶어도 그만둘 수 없게 되는 것이 뻔히 보였지요.

베테랑 직원이 되어 희망퇴직이나 '명예퇴직' 대상이 되고 나

서는 너무 늦습니다. 무엇보다 저는 다른 사람들보다 서툴러서 '일단 빨리 움직여 준비해야만 한다!'라는 압박감이 매우 강했습니다.

하지만 남들보다 뛰어난 기술도 없고 잘하는 것도 없어서 무엇을 어떻게 해야 할지 상상조차 할 수 없었습니다. '큰일이다! 그런데 무엇을 해야 하지…' 그런 초조함이 저를 감싸고 있었어요.

아무리 우수한 인재라도 회사에서 5년 일하면 '그저 그런 사람'이 된다

매일 일에 쫓기고 있다 보니, 문득 창업한 선배가 해줬던 그 말이 마음에 무겁게 다가오기 시작했습니다.

"아무리 우수한 학생이라도 회사에서 5년만 일하면 그저 그런 사람이 돼."

'애초에 특별히 뛰어나지도 않은 내가 이대로 회사에 길들여지면 어떻게 될까…' 저는 무인도에 홀로 남겨진 듯한 제 미래를 상상하며 두려워졌습니다. 그렇다고 이직할 용기도 없고 창업이라는 길은 상상조차 하지 않았지요.

그러던 어느 날, 저는 소개팅으로 만난 여성과 사귀게 되었습니다. 그녀는 카페 창업을 목표로 하는 미래에 대한 열정이 있는 사람이었어요. 그녀의 이야기에 감화된 저는 조금씩 창업에 관심을 가지게 되었습니다. 창업이라는 세계가 있다는 것을 그녀가 일깨워준 것입니다.

'그렇군! 이직으로 한 단계 향상하는 것이 아니라 스스로 창업하는 방법도 있었구나!'

어느 날, 저는 그녀로부터 "내가 정말 좋아하는 창업가들이 모이는 파티가 있는데, 다나카 군도 함께 가보는 것이 어때요?"라고 권유를 받아 창업 모임에 참석하게 되었습니다.

솔직하게 고백하자면 저는 어렸을 때부터 낯가림이 심했습니다. 처음 만난 사람들에게 둘러싸이면 부끄러워져서 갑자기 말이 나오지 않을 때도 있었지요. 대학 시절의 동아리 활동이나 직장인으로서의 경험, 스터디 모임 등에 참여하면서 꽤 극복했다고 자부했지만, 그 당시에는 전혀 소용이 없었습니다.

'창업가들' 앞에서 주눅이 들어 벽 쪽에 붙어서 그저 시간만 때울 뿐이었지요. 그녀가 신경 써서 창업가 선배를 소개시켜주었지만, "아…"라든가 "에…"라든가 하는 말이 되지 않는 소리만 낼 뿐, 전혀 대화가 이어지지 않았습니다. 그날은 몸과 마음이 완전히 지쳐서 집에 돌아왔던 거 같아요.

그날 이후로 그녀와의 관계도 어색해지기 시작했습니다. "보고 싶다"라고 해도 만나주지 않았어요. 그리고 2주쯤 지나서 그녀에게 "우리 이야기 좀 해요"라는 연락이 왔습니다. 그렇게 그녀를 만나러 가서 저는 일방적으로 차였습니다.

"당신 같은 사람은 안 되겠어요"라는 말을 들었던 곳, 그곳이 시나가와역 플랫폼이었다는 사실이 지금도 생생하게 기억나네요.

그녀와의 이별은 힘들었지만, 한편으로 이런 생각이 들었습니다.

'언젠가 그녀에게 갚아주겠어. 그리고 그녀에게 차인 것을 계기로 창업한다는 스토리는 재미있을지도 몰라.'

다음 날, 저는 바로 회사에 사직서를 제출했습니다. 회사를 그만두겠다는 결심은 바로 섰지만, 창업에 대한 전망은 완전히 백지상태였어요. 그래서 퇴직하기 전, 인수인계 기간 동안 창업 아이템을 찾기로 했지요.

그리고 제가 찾은 것이 바로 '스마트폰용 홈페이지를 만드는 컨설팅'이라는 아이템이었습니다. 마침 회사에서 한 기업의 스마트폰 사이트를 다뤄봤던 경험도 있어서 '이거라면 나도 할 수 있겠어'라고 생각했던 것이었어요. 지금 생각해보면, 저는 자신만의 브랜드를 만들어 돈을 버는 '화려한 창업'을 꽤 만만하게 봤던 것 같아요.

'실적'과 '기술'에 의존할수록
돈을 벌지 못한다

결론부터 말하자면 저는 컨설턴트로서 돈을 벌지 못했습니다. 애초에 전 실적도 없고 영업 능력도 없었어요. '성과를 내주는 홈페이지입니다', '웹 컨설팅을 해드립니다'라고 자신 있게 제안할 수 없었을 뿐만 아니라 어떻게 고객을 찾아야 하는지조차 전혀 알지 못했지요.

모임에 참석하고, 지인에게 일을 소개해달라고 부탁해도, 블로그를 쓰고, SNS에 게시물을 올려도 이것들이 전혀 일로 이어지지 않았어요. 사람을 만날 수는 있었지만, 돈을 받지는 못했던 것이지요.

어쩔 수 없이 세미나 등에서 만난 고객에게 홈페이지를 무료로 만들어주면서 온갖 서포트를 해주었습니다. '아무것도 하지 않는 상태'로는 견딜 수 없어서 무료라도 좋으니 뭔가 일다운 것을 하고 싶다는 것이 제 솔직한 마음이었어요.

어느 날 고객 중 한 명이 "매장 영업법에 대해서 알고 싶다"라고 말했던 것이 떠올랐어요. 그래서 서점에서 참고 자료로 쓸 만한 책 4권을 사서 그 내용을 요약한 다음, 보고서로 정리해 고객에게 보냈어요. 그저 참고되기를 바라는 마음으로 한 행동이었습니다.

참고로 저는 매장 영업의 전문가가 아닙니다. 그저 책의 내용을 요약했을 뿐이에요. 제가 작성한 것은 평범한 회사에서 20대 초반의 젊은 직원에게 맡길 법한 아주 평범한 보고서였지요. 그런데 이 보고서를 본 고객은 놀랍게도 저에게 이런 제안을 했어요.

"저번에 준 보고서 고마웠네. 도움이 되었어. 그래서 상담하고 싶은 게 있는데, 월 3만 엔에 우리 회사를 도와줄 수 있겠나?"

청천벽력(靑天霹靂)이라는 말이 딱 맞는 상황이었어요.

지금까지 저는 '특별한 기술'이 없으면 창업을 할 수 없다고 생각했었기 때문이에요. 하지만 실제로 돈이 된 것은, 특별한 기술이나 거창한 것이 아닌 '소소한 서포트'였습니다.

이때는 아직 반신반의했지만, 그 후로도 여러 번 '소소한 서포트'를 해주면서 돈을 받는 경험을 반복하다 보니 확신이 섰습니다.

'소소한 창업으로도 괜찮았구나. 아니 소소한 창업이 정말 좋았던 것이구나!'

'나 자신을 브랜드화하자!'
'자신의 '재능'을 무기로 삼자!'
'영향력 있는 인플루언서가 되자!'

오늘날 세상에는 이런 메시지가 넘쳐납니다. 여러분 중에도 자신을 브랜드화하기 위해 열심히 정보 전달에 힘쓰는 사람들이 있을 거예요.

확실히 소셜 미디어 덕분에 누구나 자유롭게 메시지를 전달할 수 있는 시대가 왔습니다. '좋아하는 일'이나 '잘하는 일'을 노출함으로써 많은 지지자를 모아 수입으로 연결하는 사람들이 존재하는 것도 사실이지요. 성공한 유튜버나 온라인 카페 운영자 같은 사람들 말이에요.

그런 사람들은 전달력이 있어서 '좋아하는 일로 먹고살자!', '행동하는 사람이 이긴다!'와 같은 메시지로 사람들을 부추기기도 해요. 그 메시지에 감화되면, 당장 무언가 해야만 할 것 같은 기분이 든다는 것도 잘 알고 있어요.

하지만, 잠깐만요!

냉정하게 생각해보면 현실에서 '좋아하는 일'이나 '잘하는 일'로 먹고살 수 있는 사람은 극소수에 불과합니다. 아마 100명 중 1명, 더 엄격하게 보자면 1,000명 중 1명 정도의 비율일 거예요. 그 나머지에 해당하는 대부분의 사람들은 특별한 기술을 갖지 못한 지극히 평범한 사람들에 불과하지요.

'좋아하는 일'이나 '잘하는 일'로 먹고살기는커녕 아무리 노력해도 '좋아하는 일'이나 '잘하는 일'을 발견하지 못했던 제가 하는 말이니 틀림없습니다. '좋아하는 일'이나 '잘하는 일'로 먹고사는 인플루언서들의 말에 이끌려 같은 무대에 올라가려고 해도 이길 수 없습니다. 이것은 명백한 사실입니다. 그렇다면 아예 다른 무대에서 돈을 버는 것은 어떨까요? 분명 이편이 훨씬 더 나을 것입니다.

시장 가치 = '도와주세요'라는
소리를 듣는 능력

그렇다면 어떻게 하면 좋을까요?

간단합니다. 어려움에 부닥친 사람들을 도와주면 됩니다.

여러분 주위에 열정이 있는 창업가나 창업을 준비하고 있는 사람이 있나요? 일단 그런 사람들을 도와주면서 자신만의 기술을 갈고 닦으면 됩니다.

주변에 응원하고 싶은 사람이 없다면? 그러면 찾아내면 됩니다. 찾아내는 방법에 대해서는 나중에 뒤에서 자세히 이야기하겠지만, 돈과 직결되는 '좋아하는 것', '잘하는 것'을 찾아내는 것보다 훨씬 간단합니다.

최근에 저는 후배에게서 이런 상담을 받았습니다. 그는 지난 3~4년 동안 창업 아이템을 찾기 위해 시행착오를 겪었지만, 전혀 찾지 못했다고 합니다. 마치 과거의 저 자신을 보는 것 같았지요. 그래서 이렇게 말했어요.

"창업 아이템 같은 건 필요 없어. 좋아하는 일로 돈을 번다? 그런 한가한 시간 있으면 네가 좋아하는 사람을 도와줘봐. 돈을 받으면서

네 눈앞에 있는, 네가 좋아하는 사람을 응원하다 보면 언젠가 비즈니스 아이템이 떠오를지도 모르고, 그렇게 되면 지금까지 쌓아온 기술이 반드시 유용해질 때가 올 거야."

중요한 부분이므로 몇 번이고 반복해서 말하겠습니다.
특별히 '하고 싶은 일'이나 '잘하는 일'이 없어도 돈을 벌 수 있습니다. 누군가를 돕기만 해도 창업할 수 있어요.
정보 전달력 같은 건 없어도 됩니다.

소셜 미디어를 통해 정보를 제공하는 것은 좋지만 억지로 제공할 필요는 없습니다. '마음을 전달한다'라고 해도 마음을 찾지 못해 고민하는 사람들이 대부분이에요. 마음이 없는 것은 부끄러운 일이 아니라 당연한 일입니다. 마음이 없어도 문제없어요.

소셜 미디어에서 중요한 것은 정보 전달보다 '응원하고 싶은 사람과 연결되는 것'. 그 이상도 이하도 아닙니다.
아주 작은 연결이라도 연결된 사람을 돕는 것으로 돈을 벌 수 있다면 이미 성공했다고 말할 수 있습니다.

소소한 자본으로도 할 수 있는 창업 아이템

앞으로는 '좋아하는 일'이나 '잘하는 일'이 없는 사람일수록 돈을 벌 수 있는 시대

　제 주변을 보면 소소한 창업으로 돈을 벌고 있는 사람들은 나이도 성별도 제각각입니다. 인사부와 경리부에서 경력을 쌓아온 사람도 있고, '총무부 외길만 걸어온 사람'도 있습니다.

　'회사에서는 누구나 할 수 있는 지원 업무만 해서 특별한 기술은 없어요.'

　이렇게 겉보기에는 창업과 무관한 사람일수록 의외로 소소한 창업에 적성이 있습니다. 실제로도 그동안 많은 창업 학원에 다니면서 좌절을 반복했던 사람이 다른 사람을 응원하는 위치로 마음을 전환한 순간, 갑자기 돈을 벌게 된 사례를 저는 많이 보았습니다.

　왜냐하면 '이 사람이 좋아!', '응원하고 싶어!'라는 마음을 갖게 만드는 사람들은 대부분 이미 특별한 기술을 찾아낸 굉장히 능력 있는 사람들이기 때문이에요. 그런 사람들일수록 평범한 직장인들이 평범하게 해내는 사무 작업은 영 형편없는 경우가 많지요.

　예를 들어, 제가 창업 초창기에 도움을 주었던 스피리츄얼 카운슬러(영능력자)는 '블로그에서 세미나 참가자를 모집했는데 지금 몇 명이 모였는지 알지 못하겠다'라는 사람이었어요. '뭐라고요!? 당신이 모집한 거잖아요?'라고 반문하고 싶을 정도로 사무 능력이 제로였지요. 저는 그분을 위해 엑셀로 참가자 리스트를 만들고 입금 여부를 확인해주었는데, 그것만으로도 믿을 수 없을 정도로 기뻐하며 감사의 인사를 받았습니다. 엑셀 리스트를 만들고 입금을 확인하는 일은 특별한 기술이라고도 할 수 없습니다. 오히려 오랫동안 경리나 총무 업무를 해온 사람들에게는 식은 죽 먹기라고도 할 수 있지요.

만약 20년, 30년 동안 총무나 경리 업무를 하면서 '나는 아무런 장점이 없고, 앞으로도 일을 계속할 수 있을지 불안하다'라고 느끼는 사람이 있다면 꼭 소소한 창업에 도전해보시길 바랍니다. 일하는 환경을 조금만 바꿔도 분명히 많은 사람이 찾는 인재가 될 수 있을 것입니다.

소소한 창업의 세계에서는 평범하게 '보고, 연락, 상담'만 할 수 있어도 상당한 이점이 됩니다. 아무런 쓸모가 없다는 것이 사실은 가장 강력한 장점이 되는 것이지요.

소소한 창업의 기본은 서포트 업무입니다. 따라서 당연히 지금까지 경험해보지 않은 일을 해야 하는 경우도 있을 거예요.

예를 들어, 프로모션용 동영상을 촬영하고 자막을 넣어 편집한 후, 그것을 홈페이지에 업로드하는 작업은 자주 들어오곤 합니다. 이 말을 듣고 망설이시는 분도 계실 테지요. 하지만 전혀 걱정하지 않아도 됩니다.

소소한 창업에서 하게 되는 일은 방법을 검색하면 100% 어떻게든 해낼 수 있어요. '스마트폰 동영상 촬영', '동영상 자막 넣는 방법' 등을 검색하면 대부분을 배울 수 있습니다. 검색한 것을 충실히 재현하기만 해도 임무 완료지요! 촬영한 동영상을 보여주면 고객이 굉장히 감격할 거예요.

어디까지나 동영상 프로모션으로 효과를 얻는 것이 목적이기 때문에 동영상 촬영이나 편집에 익숙한지 아닌지는 중요하지 않습니다. 이것저것 평범하고 성실하게 업무를 하던 직장인이라면 문제없이 할 수 있는 수준의 이야기지요.

소소한 창업으로 성공한 사람들은 마케팅이나 PR, 영업의 전문가도 아무것도 아닌 평범한 사람들입니다. 하지만 전문가 이상으로 뛰어난 성과를 내는 사람이 많습니다.

제가 이 책에서 여러분께 전하고 싶은 것은 좋아하는 일을 비즈니스로 하는 것보다 좋아하는 사람의 비즈니스를 응원하는 쪽이 더 잘될 수 있다는 점입니다.

'좋아하는 일만 하며 살아가자!'

요즘 인터넷 사회는 물론 현실 사회에서도 이러한 메시지가 자주 들려옵니다. 물론 '좋아하는 것'이나 '잘하는 것'이 있어서 그것으로 돈을 벌 수 있는 사람은 매우 훌륭합니다.

하지만 저 자신은 특별히 '좋아하는 일'이나 '잘하는 일'이 없었고, 그것들을 찾으려고 여러모로 고민해봤지만 끝내는 알지 못했습니다. 이 책을 읽는 독자분들 중에도 이 말에 공감하시는 분이 분명 있을 것입니다.

'좋아하는 일'을 억지로 찾으려고 하기보다 더 중요한 것은, 응원하고 싶은 사람과 만나는 것입니다. 응원하고 싶은 사람과 만나 그 사람을 서포트하면 '재능', '기술', '마음', '하고 싶은 일', '돈'이 없는 평범한 사람도 소소한 창업을 시작할 수 있습니다. 그리고 자신의 분수에 맞게 경제적 자립을 이룰 수 있게 될 것입니다.

'소소한 창업'에 대해
생각해보자

평생 먹고살
걱정 없이 정말 만족할 수 있는
직업을 찾는 방법

'자신이 주역'이 될
필요는 없다

제1장에서는 제가 이 책에서 제안하는 '소소한 창업'이란 도대체 어떤 것인지에 대해 깊이 파헤쳐보고자 합니다.

일반적으로 '창업'하면, 어떤 이미지가 떠오르나요? 개성적이고 명확한 캐릭터를 지닌 사장의 모습이 떠오르지는 않나요? 아니면 그 사장이 지금까지 파란만장한 인생을 살아왔었다든지, 고통스러운 경험을 극복해낸 무적의 인물이라든지, 이런 모습은 어떤가요?

직장인 시절부터 저에게 창업을 한 사장의 이미지는 후자 쪽이 강했습니다. 그래서 '나는 남의 존경을 받을 만한 힘든 고생을 이겨낸 경험이 없는데…'라는 고민도 했지요.

'창업'이란, 이러한 여러 의미에서 '강렬한' 이미지의 사장이 구성원 모두와 함께 만들어가는 대규모 사업, 그런 이미지가 있습니다. 그리고 그런 사장은 '이노베이션'이라는 말을 좋아하고 미래의 비전에 대해 말하는 것을 좋아하며, 흔들리지 않는 신념을 추구한다는 이미지도 가지고 있습니다. 프롤로그에서도 말한 것처럼 이런 전통적인 의미의 '창업'을 이 책에서는 '화려한 창업'이라고 정의하고 있습니다.

반면에 이 책에서 독자들에게 전하는 '소소한 창업'은 누군가를 응원함으로써 돈을 버는, 문턱이 낮은 데다가 위험도 없는 새로운 유형의 일하는 방식입니다. 응원한다는 것은 숨은 공로자·조연으로서 주역을 북돋울 수 있게 서포트하는 것을 말합니다. 따라서 애초에 자신이 주역이 될 필요가 없는 셈이지요.

이것은 매우 중요한 포인트이니 꼭 기억해두시기 바랍니다.
저는 조연이어도 괜찮기 때문에 추진력이나 강인함, 카리스마, 사람들을 휘어잡은 힘이나 큰 목소리, 화려한 외모, 강렬한 개성 같은 것들은 전혀 필요가 없습니다. 오히려 선량하고 얌전하며 매사에 조심스러운 성격이 소소한 창업에는 훨씬 더 적합하지요.

특별한 기술도 필요 없습니다. 소소한 창업의 경우, 어디까지나 상대가 고민하고 있거나 어려워하는 부분을 서포트하며 일을 진행해 갑니다. 따라서 요구되는 스킬은 천차만별이에요. 오히려 한 가지

특출한 재주가 있는 사람보다는 평범한 사람이 이상한 고집이 없는 만큼 재빠르게 상대방의 요구에 응할 수 있는 것이지요.

일반적으로 잘 알려진 사실이지만, 오늘날은 지식을 가지고 있다는 것이 강점이 되지 않는 시대입니다. 즉, 지식을 그냥 전달하는 것만으로는 돈이 되기 어려운 시대라는 말이에요.

그것보다 더 중요한 것은 필요한 지식에 바로 도달하기 위한 검색 능력이지요. 검색해서 얻은 정보를 바탕으로 무언가 작업을 대행하는 것이 돈이 됩니다.

우리가 필요한 지식의 대부분은 인터넷을 검색하면 얻을 수 있습니다. '구글 광고를 올리는 방법', '홈페이지 무료로 만드는 방법', '메일 매거진 보내는 방법' 등, 저는 그렇게 모르는 것을 하나하나 찾아가며 업무를 완수해왔습니다.

검색해도 모르겠을 때에는 다른 사람들에게 물어보거나 책을 사서 읽으면 됩니다. 아니면 관련 강좌를 통해 배우는 방법도 있지요. 어쨌든 적은 노력만 들이면 대부분의 일은 어떻게든 해결되게 마련입니다.

저는 다른 사람을 응원하는 경험이 자신의 인생을 지탱하는 '자산 가치'가 될 것이라고 믿고 있습니다. 대다수의 평범한 사람들은 처음부터 자기 자신을 팔려고 하기에 실패하는 것입니다. 반면에 다른 사람을 응원하는 것부터 시작하면 경험도 깊어지고 인맥도 넓어져 기회도 많아지게 됩니다. 자신만의 독자적인 창업 아이디어를 찾아낼 가능성도 소소한 창업을 경유하는 편이 훨씬 높다고 생각합니다.

소소한 창업에는 소박하지만, 끝이 없는 무한한 장래성이 있습니다. 물론 현재의 회사에서 계속 일하면서 소소한 창업을 겸하는 방법도 있어요. 뒤에서 자신을 드러내지 않은 채 일의 규모를 확대해나가는 것도 가능하지요. 소소한 창업 스타일을 유지한 채 어마어마한 돈을 벌어들이는 사람도 있습니다.

저처럼 자신이 응원하고 싶고, 좋아하는 사람의 서포터로 뒤에서 일하다가 자신만의 길을 찾아내 자신을 주역으로 하는 화려한 창업으로 전환할 수도 있습니다. 소소한 창업을 계속하다 보면 인맥도 생겨날 것이고, 좋은 실적도 낼 수 있을 것입니다. 또한 이것들은 이전에는 알아차리지 못했던 '자신만의 강점'이 되어 있을 거예요.

저는 그렇게 해서 소소한 창업에서 화려한 창업으로 전환해 성공할 수 있게 되었습니다. 소소한 창업은 '인생에서 어떤 길이든 선택할 수 있게 해주는' 만능 기술인 것이지요.

- 자신은 조연이라도 좋다.
- 인터넷에서 검색해보면 대부분의 일은 어떻게든 해결할 수 있다.
- 소소한 창업부터 시작하면 장래 커리어의 폭이 넓어진다.

상대방의 '○○할 수 없다'라는 점이 자산이 된다

특별한 기술뿐만 아니라 아이디어도 필요 없습니다.

제가 봤을 때, 대부분의 사람들은 '창업에는 아이디어가 반드시 필요하다', '획기적인 아이디어만 있으면 창업할 수 있다'라는 착각에 사로잡혀 있어요.

구글, 아마존, 페이스북 등 오늘날 유명한 최첨단 기업들은 획기적인 아이디어로 세상의 과제를 해결하고 세상을 바꿔왔지요. 그것은 명백한 사실입니다. 뛰어난 아이디어가 사업화되면 돈이 됩니다. 하지만 그런 아이디어가 쉽게 나올 리 없지요.

'아이디어를 찾으면 창업해야지'라고 생각하다 보면 99%의 사람이 창업하기도 전에 일생을 마치게 됩니다. 그래서 '화려한 창업'에 발을 내딛는 사람이 소수에 불과한 것이지요.

아직 아무도 발견하지 못한 '참신한 아이디어'를 찾기보다는 지금 우리 눈앞의, 어려움을 겪고 있는 사람들을 도와주는 편이 더 편하게 창업을 시작할 수 있게 됩니다.

우리는 '내가 할 수 없는 것=고민'을 해결해주는 사람에게 돈을 지불하고 싶어지기 때문이지요. 따라서 '대단한 아이디어'보다 '고객의 고민을 해결하는 것'이 더 중요한 것이에요.

저도 2년 가까이 책이나 잡지를 읽고 인터넷으로 정보를 얻으며 창업 아이디어를 찾으려고 노력한 적이 있습니다. 결과는 어땠을까요? 전혀 찾을 수 없었습니다. 찾을 수 있을 리가 없지요. 하지만 소소한 창업이라면 아이디어를 찾을 필요가 없어요.

왜 소소한 창업에 아이디어가 필요 없을까요? 세상에는 소소한 '고민거리'들이 넘쳐날 정도로 많기 때문입니다.

'홈페이지를 만들고 싶은데 어떻게 만들어야 할지 모르겠어요.'
'웹 디자인을 할 수 없어 난감하네요.'
'받는 사람 이름 쓰는 것을 도와주세요.'
'매일 블로그 포스팅을 하고 싶은데 누군가 대신해줄 사람이 없을까요?'

세상에는 이런 생각을 하는 사람들이 가득합니다. 실제로 그러한 일들의 발주처와 수주처를 매칭하는 각종 클라우드 소싱 서비스가 발전하고 있고 지금, 이 순간에도 수많은 프로젝트가 모집되고 있습니다.

'○○하고 싶지만 할 수 없다'라는 어려움을 당사자를 대신해서 해결함으로써 아이디어가 없어도 돈을 벌 수 있는 것이지요. 따라서 우리는 아이디어에 집착하지 말고 상대방이 어려움을 겪고 있다는 사실에 착안해야 합니다.

어렸을 때, 어깨가 결려서 불편해하시는 아버지나 어머니를 안마해드리고 용돈을 받아본 경험이 있나요? 원리는 그것과 같습니다. 어깨를 두드리는 데 아이디어가 필요할까요? 아니지요. '어깨 결림으로 불편해하고 있다 → 어깨를 주물러드려 그것을 해소한다', 단지 그뿐입니다.

고객의 고민이나 '○○할 수 없다'라고 하는 부정적인 감정은 돈이 됩니다. 이것이야말로 소소한 창업의 큰 특징이라고 할 수 있습니다.

정리

- 창업 아이디어를 찾을 필요가 없다.
- 아이디어가 아닌 다른 사람이 겪고 있는 '어려움'에 주목한다.
- 다른 사람의 '고민거리'를 해결하면 돈이 된다.

자격, 실적, 직함은
필요 없다

자격증이나 특별한 직함은 필요 없습니다. 굳이 말하자면, '창업가 서포터 다나카 유이치' 정도의 느슨한 직함만 있으면 충분합니다. 물론 창업가 서포터가 되기 위한 자격증 같은 것은 없으니 안심하세요. 일반적으로 사람들은 미래의 커리어를 준비하려고 할 때, 무엇을 가장 먼저 할까요? 바로 자격증 취득입니다.

저도 직장인 시절, 자격증 공부를 하면서 미래에 대한 불안을 해소하려고 했던 시기가 있었어요. 당시에는 왠지 '금융 · IT · 영어'는 반드시 익히고 넘어가야 할 기술이라고 생각했습니다. 아마도 무슨 기사에 그렇게 쓰여 있는 것을 읽고 감화되었던 것일 테지요. 그래서 재무설계사, 부기, 기본 정보기술자 시험(한국의 정보처리산업기사와 유사) 등 미래에 도움이 될 만한 자격증들을 취득했습니다.

또한 스터디 카페에 자주 참석하기도 했지요. 이는 학구열이 높은 사람들이 모여서 함께 공부하는 것입니다. 같은 목표를 가진 사람들과 함께 공부하고 있자니 신기하게도 마음이 편안해졌어요.

지금 와서 돌이켜보면 공부한다고 해서 미래에 대한 불안감이 해소된 것은 아니었습니다. 아마 공부하는 동안은 불안에 대해 생각하지 않아도 되었던 것뿐일지도 모르겠네요. 머릿속에 많은 것들을 입력한다고 해서 인생이 바뀌지는 않습니다. 작은 출력이야말로 인생을 변화시키는 힘을 가지고 있지요.

하지만 소소한 창업의 경우, 특별한 자격증이 없어도 일을 받을 수 있습니다. 반대로 말하면, 토익 만점을 받는다 한들 일을 받을 수 있다는 보장은 없어요.

돈을 대신할 수 있는 것은 어디까지나 고객의 고민이나 '○○ 할 수 없다'라는 부정적인 감정뿐입니다. 자격증이 부정적인 감정을 해결해주는 것은 아니지요. 자격증을 가지고 있으면 일을 받을 수 있다는 것은 그저 착각일 뿐입니다.

고객의 입장이 되어 생각해볼까요? 예를 들어, 여러분이 자신의 홈페이지를 만들고 싶은데, 만드는 방법을 몰라서 어려움을 겪고 있다고 가정해봅시다.

'뭐? 그런 걸로 고민하는 거야? 그러면 이번에 내가 만들어줄게. 조금만 찾아보면 그럴듯한 건 만들 수 있을 거야'라고 말해주는 친구와 홈페이지 제작 능력 인정시험에는 합격했지만, 얼마에 해줄지 모르는 잘 모르는 사람. 과연 어느 쪽에 일을 의뢰하시겠어요?

아마도 대부분의 사람들은 친구에게 부탁하면서 식사 대접이나 성의를 보이는 쪽을 택할 것입니다. 상대방의 고민을 파악하고 그 해결책을 제안할 수 있다면, 반드시 의뢰가 들어오게 마련입니다.

과거의 성공 경험이나 실적도 필요 없습니다.
'독립하고 싶다면 직장에 다닐 때 어느 정도의 성과를 남겨두어라.'
'직장인 시절의 실적이 창업할 때 큰 힘이 된다.'

이런 말을 자주 들어보지 않았나요? 그렇게 믿고 '내년까지만, 내년까지만…' 하며 회사를 계속 다니는 사람도 있는데 그렇게 심각하게 생각하지 않아도 됩니다.

소소한 창업은 대부분 '소소한 서포트'로 이루어져 있어요. 실적이 없어도 할 수 있는 일들이 대부분이지요. 마음만 먹으면 회사 일을 마치고 남는 1~2시간을 활용해서 몰래 시작할 수도 있어요. 1년 후가 아니라 지금 당장 시작하면 됩니다.

참고로 고객에 따라서는 '당신의 실적을 알려주세요', '과거에 어느 정도의 경험이 있나요?'와 같은 질문을 받을 수도 있어요. 상대방의 입장에서 생각해보면, 실적이 없는 사람보다는 실적이 있는 사람에게 일을 맡기는 편이 더 안심될 테니까요.

이럴 때는 실적이 없는 것을 역으로 이용해 이야기하는 것이 좋습니다. 지금은 실적이 없지만, 이 일에 진지하게 임해서 성장하고 싶다. 처음에는 무료로 시작할 테니 그 결과물을 봐달라고 성실하게 이야기하는 것이지요. 물론 그것이 유료 계약으로 이어지지 않더라도, 경험해볼 수 있었음에 감사하고 또 다른 사람에게 말을 걸어 관계를 구축해나가면 그만입니다.

그리고 소소한 창업을 막 시작했을 때는 실적에 강하게 집착하는 사람과 억지로 일하지 않아도 됩니다. 결과에만 집착하는 사람의 경우, 같은 방향을 바라보며 함께 나아가지 못할 가능성이 크기 때문이지요.

중요한 것은 '이 사람과 함께 일하면 재미있을 것 같다', '이 사람을 응원하고 싶고 잘 되게 돕고 싶다'라는 마음입니다.
제 경험상, '함께 일하는 것이 즐겁다!'라는 유형의 관계가 더 장기적으로 지속될 뿐만 아니라 건전하게 비즈니스에 집중할 수 있게 됩니다.

- 자격증은 필요 없다.
- 회사에서의 실적이나 평가는 상관없다.
- 실적이 없어도 일을 받을 수 있다.

'○○ 전문'이 될
필요는 없다

　소소한 창업의 경우, 한 가지 아이템에 특화될 필요는 없습니다. '○○ 전문가'나 '○○ 가게'처럼 판매 상품을 명확히 할 필요가 없다는 것이에요. 물론, 저도 화려한 창업에서 강점이 큰 의미를 지닌다는 것은 알고 있습니다. 화려한 창업에서는 돈이 될 만한 특별한 기술을 중심으로 사업화를 진행하는 것이 정석이지요. 하지만 이는 큰 수익을 올리거나 큰 회사를 만들 경우에 필요한 것이에요.

　그렇다면 왜 강점이 필요한 걸까요? 바로 강점이 있으면 자신 있게 상품이나 서비스를 판매할 수 있기 때문이지요. 실제로 사업 규모가 커지면 커질수록 강점은 어필이 되고, 확산되기 쉬우며 주목받기도 쉬워집니다.

하지만 소소한 창업의 경우 강점을 내세우는 영업을 하지 않습니다. 강점을 내세우기보다는 '당신이 어려워하는 일은 무엇이든지 하겠다'라는 접근 방식이 훨씬 중요합니다. 그렇게 1만 엔, 2만 엔, 3만 엔 수준의 소소한 일들을 꾸준히 하면서 경험과 실적을 쌓는 것이 강점을 강화하는 것보다 몇 배 더 중요합니다.

애초에 '강점'이라는 것은 깊이 생각해보면 답이 있는 듯하면서도 없는 것 같은 꽤 모호한 것이에요. 100m를 11초에 달릴 수 있는 사람이 있다고 해봅시다. '발이 빠르다'라는 것이 이 사람의 강점이라 할 수 있을지도 모르겠네요. 하지만 같은 사람이 프로 선수권에 출전한다면 '발이 느린 사람'이 될 것이고, 세계 수준에서 본다면 전혀 승부가 되지 않을 것입니다.

반대도 마찬가지예요. 앞에서도 언급했듯이 저는 취업 직후에 받은 프로그래밍 연수에서 40명 중 40위, 즉 꼴찌를 했습니다. 동기들 사이에서 IT나 프로그래밍에 강하다는 말은 부끄러워서 입 밖으로 꺼내지도 못했더랬지요.

그런데 신기하게도 회사가 아닌 모임 같은 곳에 참가해 거기서 알게 된 사람들에게 "이런 스마트폰 앱을 사용하면 편리해요"라고 말을 건네니 "오오! 구세주!"라며 놀라워하고 기뻐하는 반응이 돌아오지 않겠어요(저는 구세주가 아니라 꼴찌지만 말이지요)?

참고로 제가 소개한 것 중에서 가장 반응이 좋았던 것은 'eFax'라고 팩스를 스마트폰으로 수신할 수 있는 앱이었어요. 팩스는 사무실에서만 받을 수 있는 거 아니었냐고 놀라다 못해 감격하던 거래처 사장님이 생각나네요.

여러분도 본가에 갔을 때 부모님이 컴퓨터나 스마트폰 사용법을 물어봐서 가르쳐드린 경험이 있을 것입니다. 가르친다고 거창하게 말했지만, 사실 메일 주소 설정이라든지, 앱 설치 등 보통 누구나 다 할 수 있는 일이지요. 하지만 부모님 세대처럼 컴퓨터나 스마트폰을 잘 다루지 못하는 경우에는 정말 약간의 도움만으로도 감사하는 마음을 이끌어낼 수 있습니다.

소소한 창업은 그러한 행동의 연장선이라고 생각하면 이해하기 쉬울 것입니다. 즉, 자신이 알고 있던 세계에서 한 발짝만 밖으로 나가면 전혀 다른 세계가 펼쳐지는 것이지요. 평소 자신이 아무 생각 없이 하고 있던 것이 강점이 되는 것입니다.

따라서 자신의 머리로 강점을 찾기보다는 상대방의 어려움을 발견하는 능력을 갈고닦는 것이 단연코, 유리합니다.

상대의 어려움을 발견하는 중요한 포인트는 질문력이나 관찰력에 있습니다.

예를 들어, 모임에서 알게 된 사람과 명함 교환을 했을 때, 자기 자신을 어필하거나 프레젠테이션할 여유가 있다면 차라리 대화를 통해서 상대방이 고민이 무엇인지 알아내는 데 주력해야 합니다. 직접 질문하기 어려울 때는 상대방이 소셜 미디어에 올린 글 등을 읽고 다음과 같은 가설을 세워보는 것도 좋습니다.

'이 사람은 어떤 것을 하고 싶은 걸까?'
'어떤 과제를 안고 있는 걸까?'

나중에 가설을 검증하다 보면 상대는 자신을 신경 써준 여러분에게 감동할 것이에요.
'이 사람, 이렇게 내 일에 관심을 가져주고 있구나.'
'이 사람, 나를 응원해주고 있네. 정말 기뻐.'

그런 생각이 들게 유도한다면, 일은 시작된 것이나 다름없습니다. 인간은 감정의 생물입니다. 당연히 자신에게 관심을 가져주는 사람과 일하고 싶어지지요.

우리는 강점이 없기 때문에 고객의 어려움은 무엇이든 돕는다는 유연성을 가져야 합니다. 유연하게 대응하다 보면 상대는 점점 나를 필요로 하게 되고, 조금씩 일을 받을 수 있게 될 것입니다.

고객이 기뻐하고 나를 필요로 할 때까지의 장벽은 생각보다

높지 않다는 것을 곧 깨닫게 될 거예요.

'자금이 제로'여도
오늘부터 당장 할 수 있다

소소한 창업을 시작하는 데 사업 계획은 필요 없습니다.

사업 계획이라는 것은 사업의 목적이나 수치 목표, 전략이나 전술을 구체적으로 나타낸 것을 말합니다. 보통 1~5년 정도의 행동 계획을 '사업 계획서'라는 형태로 명확하게 기록해두는 것이 일반적이지요.

창업할 경우에 사업 계획이 없는 것은 큰 문제가 됩니다. 창업 세미나에 참가해보면 '반드시 사업 계획서를 작성해야 한다'라는 말을 자주 듣곤 하지요. 실제로 '사업 계획서 작성 세미나'도 자주 열리고 있습니다. 사업 계획도 없이 창업하는 것은 무모하기 짝이 없는 이미지로 여겨지고 있습니다. 마치 티셔츠와 반바지 차림으로 겨울 산행을 하는 사람을 보는 것과 같다고 할까요.

확실히 사업 계획은 중요합니다. 하지만 사업 계획이라는 것은 본래 자금 조달을 위해 필요한 것이에요. 공장이나 점포를 만들거나 확장할 때 대출처로부터 '이 정도면 돈을 빌려도 된다'라고 인정받으려면 반드시 필요하지요. 그 누구도 계획다운 계획을 세우지 않고 '카페를 시작하고 싶은데, 돈을 좀 빌려주세요'라고 말하는 사람에게 돈을 빌려주지 않습니다. 그런 사람을 가리켜, 한겨울에 티셔츠와 반바지 차림으로 등산하는 사람이라고 표현해도 무리가 아닙니다.

하지만 소소한 창업을 작게 시작할 때는 계획을 세우는 것보다 '일단 해보는 것'이 중요합니다.

제가 중요하게 생각하는 마인드가 있습니다. 바로 '모든 것은 테스트'라는 것이지요. 이것은 소소한 창업에서도 매우 중요한 사고방식입니다. 모든 것은 테스트이기 때문에 완벽하게 할 필요는 없다는 것입니다.

인생에서 가장 생산성이 없고 쓸모없는 시간이 뭘까요? 바로 '고민하는 시간'입니다. 하고 싶은 것이 두 가지가 있다면 일단 둘 다 해보면 됩니다. 인생을 변화시키려면 그런 마음가짐이 매우 중요합니다. 모든 것은 테스트이니 일단 해보고, 개선하면 되는 것이지요.

그렇다고 해서 목표나 계획을 부정하는 것이 아닙니다. 목표나 계획을 이야기하는 것이 지나치게 과하다는 것이에요. 소소한 창업은 소소한 '서포트'에서 시작합니다. 서포트를 하는 데 매번 계획서를 작성한다고 생각해보세요. 너무 과하지 않을까요? To-Do List(투두 리스트)를 만드는 정도로도 충분합니다.

소소한 '서포트'을 하기 위해 사업 계획서를 작성하는 것은 가까운 편의점에 가는 데, 겨울 산행용 장비를 착용하는 것과 마찬가지입니다. 편의점에 가는 것이라면 조금 가볍게 걸쳐도 전혀 상관없지요. 집에서 세 발짝 나왔는데 춥다면 '역시 춥네. 코트를 입고 가야지'라고 되돌아가도 괜찮습니다.

사업 계획과 관련해서 덧붙이자면, 경영 이념이나 일의 의미, 미션 같은 것도 굳이 생각하지 않아도 됩니다. 특히 젊은 사람들 중에는 일하는 의미나 신념을 중시하는 사람이 많은 것 같습니다. 저 자신도 그런 신념을 추구하는 업무 방식을 꽤 선호합니다.

하지만 신념을 추구하는 것은 좋지만, 너무 거기에 몰입할 필요는 없습니다. 신념에 얽매여서, '이 일은 신념에 부합하니까 한다', '이 일은 신념에 반하니까 하지 않는다'라고 일일이 따지다 보면 일의 범위가 좁아져서 주객이 전도될 수 있습니다. 그것보다는 '이 일은 재미있어 보여!', '이 사람을 응원하고 싶어!'라는 솔직한 감정에 따라 다양한 경험을 해보는 것을 추천합니다.

경험을 쌓다 보면 '내 미션은 바로 이거였구나!'라고 깨닫는 순간이 올지도 모릅니다.

'공감할 수 있는 사람을 응원한다.'
'즐거움을 느낄 수 있는 일을 한다.'
군이 말하자면, 이 정도로 느슨하게 방향을 설정해두는 것으로도 충분해요.

또한 소소한 창업은 사업 자금이 없어도 시작할 수 있습니다. 이것은 상당히 매력적이에요. 일반적으로 카페를 창업하려고 하면 점포를 임대해야 하고 인테리어 공사도 해야지요. 또한 비품을 구비하고 원재료도 구입해야 하는데, 여기에는 많은 돈이 들게 됩니다. 그뿐만 아니라 전문학교에서 기술을 배우는 데도 돈이 필요합니다.

경우에 따라서는 수백만에서 수천만 엔 수준의 사업 자금이 필요해 대출을 받아 창업하는 사람도 부지기수입니다. 그에 반해 소소한 창업은 응원하고 싶은 사람을 자신의 능력으로 돕기만 하면 됩니다. 자본금이 없어도 할 수 있는 일들이 대부분이지요.

물론 스마트폰 한 대로 일하기는 어려우니 컴퓨터가 필요할 수도 있겠네요. 하지만 집에 컴퓨터가 있다면 그것을 사용하면 됩니다. 일단 인터넷에 접속해 '○○ 하는 방법'을 검색할 수만 있다면 그것만으로도 일의 첫 단추를 끼우게 되는 것이지요. 굳이 말할 필요도 없겠지만, 컴퓨터와 스마트폰으로 할 수 있는 일이기 때문에 사무실을 빌릴 필요도 없습니다. 집에서도 할 수 있고 카페에서도 할 수 있어요. 좋아하는 장소에서 일하면 됩니다.

그런데 제가 회사를 그만둘 때는 사직서를 제출한 뒤, 퇴사하기까지 4개월이라는 시간이 걸렸습니다. 왜 4개월이라는 긴 기간 동안 회사에 다녔냐고요? 저는 비교적 안정 지향적이어서 그만두더라도 보너스를 받고 그만두고 싶었기 때문입니다.

업무 인수인계를 하는 4개월 동안 창업을 위해 가장 먼저 실행에 옮긴 것이 바로 회사 설립이었습니다. 지금 생각해보면 바보 같은 이야기지요. 하지만 당시 저는 창업하려면 회사를 만들어야 한다고 생각했어요. 개인으로 사업을 하는 '개인사업자'라는 개념이 있다는 것조차 알지 못했습니다.

일반적으로 주식회사를 설립하려면 정관 인증(회사의 목적과 발기인 등을 정한 정관에 대해 공증인의 인증)이나 등록면허세 등 최소 약 20만 엔의 비용이 필요합니다. 반면, 개인사업자는 세무서에 사업자 등록만 하면 개인사업자로 인정받을 수 있습니다. 물론 비용은 전

혀 발생하지 않고요. 따라서 처음부터 회사를 설립할 필요는
없습니다.

정보 전달력, 영향력은
없어도 된다

'정보 전달력과 영향력은 필요 없다.' 이렇게 말하면, '이봐요, 그 래도 정보 전달력 정도는 있는 편이 좋지 않을까요?'라고 발끈하는 사람이 있을 수도 있겠지요. 그런데 사실은 정말 정말 없어도 괜찮 습니다.

물론 전달력 있는 사람이 많은 사람들에게 영향을 줄 수 있겠지요. 다시 말해, '상품이나 서비스의 구매를 쉽게 유도할 수 있다. 따라서 정보 전달력이 있는 편이 좋다.' 이러한 이치는 충분히 이해가 갑니다.

최근에는 창업을 고려하는 사람은 물론, 일반 직장인 사이에서도 '조 금 더 정보 전달력을 높이자'라거나 '일상적으로 아웃풋하는 습관을 들 이자'라는 인식이 높아지고 있습니다. 매일매일 부지런히 블로그에 포스팅하거나 페이스북에 게시물을 올리는 사람도 많을 것입니다. 물론 정보를 전달하고 싶을 때 전달할 수 있는 환경이 갖춰져 있다는 것은 멋진 일입니다. 정보를 전달한다는 것도 좋은 일이고요.

하지만 저는 고객을 모으기 위한 정보 전달과 사람을 응원하기 위한 정보 전달은 별개의 것이라고 생각합니다.

고객을 모으기 위한 정보 전달은 불특정 다수를 향한 일대다(一對多)의 전달입니다. 자신의 서비스나 상품을 알리고 많은 팔로워를 만들기 위해 정보를 퍼뜨리는 것이 이런 유형의 정보 전달이라고 할 수 있지요. 일반적으로 '정보 전달'이라고 하면, 이런 이미지가 강합니다.

저 역시 '정보 전달이 중요하다'라는 말을 이곳저곳에서 자주 들어왔습니다. '그렇다면 나도 블로그를 시작해봐야지!'라고 마음먹고 책을 읽고 배운 내용을 블로그에 정리한 적도 있어요. 반년 동안 200개 정도 포스팅을 올렸었지요. 하지만 블로그로는 단 한 명의 고객도 얻지 못했어요. 배운 지식을 불특정 다수에게 전달해도 사람들의 마음을 사로잡지 못하기 때문입니다.

소소한 창업에 필요한 것은 '사람을 응원하기 위한 정보 전달'입니다. 사람을 응원하기 위한 전달은 특정한 사람을 향한 일대일(一對一)의 전달이에요. 예를 들어, 특정한 누군가에게 러브레터를 보내는 것과 같은 마음으로 메시지를 보내는 것이지요. 이것은 영향력이라는 의미에서는 매우 제한적이며 확산력도 없지만, 소소한 창업에서는 상당히 중요한 정보 전달입니다.

자신이 알고 있는 한 사람, 한 사람에게 '이런 정보가 있습니다!', '꼭 도와드리고 싶어요!'라는 식으로 정성스럽게 메시지를 보내는 것만으로도 일이 이루어지게 됩니다. 무엇보다 상대방에게 기쁨을 주지요. 세간에 잘 알려지지는 않았지만, 그런 식으로 소셜 미디어를 일부러 아주 제한적으로 사용해 성공한 사람들도 있습니다.

아웃풋의 관점을 바꾸는 것도 한 가지 방법입니다. 자신의 정보를 전달하는 것도 중요하지만, 응원하고 싶은 사람의 정보를 전달하는 것도 훌륭한 전달 방법입니다.

말로 사람을 움직이는 것은 좀처럼 쉬운 일이 아니에요. 하지만 자신이 좋아하는 사람, 응원하고 싶은 사람의 말을 정리해서 전달하면 의외로 큰 반응이 올 때가 있습니다.

다른 사람의 숨겨진 매력을 찾아 전달하면 당사자로부터 감사의 인사를 받을 수 있습니다. 더 나아가 함께 일을 진행해나가는 관계로도 발전할 수 있지요. 또한 누군가를 응원하는 글을 씀으로써 정보 전달력도 키울 수 있고, 무엇보다 응원받은 상대에게도 기쁨을 주기 때문에 일석이조라 할 수 있습니다.

투자나 제휴 마케팅보다
편하다

　회사에 다니면서 할 수 있는 부업으로는 제휴 마케팅이나 FX 투자, 전매 같은 방법이 있습니다. 조금만 검색해봐도 '제휴 마케팅으로 부업 시작하기', '직장에서 탈출해 FX 트레이더 되기', '전매로 월수익 ○○만 엔'과 같은 내용을 쉽게 찾을 수 있지요.

　제휴 마케팅이나 투자, 전매의 공통점은 혼자서 모든 것을 할 수 있다는 점입니다. 다른 사람에게 간섭받고 싶지 않거나 밖에 나가지 않고도 일할 수가 있습니다. 큰 노력 없이도 돈을 벌 수 있다는 점 등에서는 매력적일 수도 있겠지만, 저는 그런 일에는 손을 대고 싶지 않습니다. '혼자서 일을 하는데 그곳에 발전이나 성장 가능성이 있을까?' 의문이 들기 때문입니다.

'사람에게 사랑받는 사람이 돈에게도 사랑받는다.'

'행복한 경영자'를 1,000명 이상 배출한 나카이 학원의 나카이 다카요시(中井 隆栄) 선생님께 배운 메시지입니다.

'누군가에게 도움이 되고 기쁨이 되는 일을 해야 그 결과로 감사의 보수를 받을 수 있다. 그리고 관계를 맺은 사람들과 함께 성장할 수 있다.' 이것은 어디까지나 일에 대한 가치관으로, 사람에 따라 다를 테지요. 하지만 저에게 있어서는 누군가와 함께 풍요로워지는 것이 중요합니다.

5년 후나 10년 후를 생각해봅시다. 혼자 방에 틀어박혀 매번 컴퓨터와 마주하는 것과 누군가와 함께 일하는 것. 어느 쪽이 만약의 경우에 의지할 수 있는 인간관계를 얻기 쉬울까요? 바로 후자일 것입니다. 그렇기 때문에 모든 것을 혼자서 해결하려 하지 말고 한 걸음이라도 좋으니 밖으로 나가시길 바랍니다.

이렇게 멋진 척 말하고 있는 저는 사실 혼자서 일을 계속할 수 있을 만큼의 의지력이 없는 것일지도 모릅니다. 매일 꾸준히 포스팅하거나 전매 사이트를 보면서 거래를 반복할 수 있는 의지력이 있다면, 분명히 돈을 벌 수 있을 테지요. 하지만 저는 누군가와 '함께'가 아니면 불가능했습니다.

소소한 창업의 경우는 파트너의 의뢰를 받아 일을 진행하게 됩니다. 따라서 '약속한 기한까지 끝내야 한다'라는 강제력이 작용하게 되는 것이지요. 제 쪽에서 '귀찮으니 대충하자'라거나 '역시 질렸으니까 중간에 그만두겠다'와 같은 말은 할 수도 없습니다.

저처럼 자기 일에는 게으름을 피우면서도 다른 사람으로부터 마감일을 지정받으면 열심히 하는 사람이 의외로 많습니다. 다른 사람에게 민폐를 끼치고 싶지 않기 때문이지요. 부정적으로 말하자면 '의지가 약한 사람'이라고 할 수 있겠지만, 저는 긍정적으로 '누군가를 위해서라면 열심히 할 수 있는 사람'이라고 받아들이고 싶습니다.

'혼자 하면 빨리 갈 수 있고, 함께 하면 멀리 갈 수 있다.'

저는 컨설턴트이자 '팀 No.1'이라는 커뮤니티를 주관하는 엔도 아키라(遠藤 晃) 선생님이 하신 이 말씀을 정말 좋아합니다. 저는 시간이 좀 걸릴지라도 모두와 함께함으로써 사람은 크게 성장할 수 있다고 믿고 있습니다.

정리

- 혼자서 모든 것을 해내는 부업에는 강한 의지력이 필요하다.
- 의지력이 약하더라도 누군가를 위해서는 노력할 수 있다.
- 모두 함께 하면 멀리 갈 수 있다.

'수동적'일수록
성공한다

직장인 중 대다수가 상사로부터 무리한 요청을 받거나 익숙하지 않은 일을 처리해본 경험이 있을 것입니다. 그런데 사실, 이러한 무리한 요청을 처리해본 경험은 매우 귀중합니다. 왜냐하면 소소한 창업을 시작하게 되면, 고객들로부터 정말 다양한 의뢰를 받기 때문입니다. 하지만 한 가지, 회사와 다른 점이 있다면, 그것은 사소한 서포트만 해줘도 고객들이 매우 기뻐한다는 점입니다.

회사에서 상사가 부탁한 데이터 입력 업무를 끝내도, 그것이 평소보다 3분 빨리 완료되었다고 해도, 특별히 칭찬받는 일은 거의 없을 것입니다. 하지만 소소한 창업의 경우, 이런 일을 하면 고객은 감동하게 됩니다. 오히려 너무 과한 거 아닌가 걱정될 정도로 말이지요.

어쨌든 중요한 것은 다른 사람을 끌어들이는 힘보다 끌려가는 힘, 휘둘리는 힘입니다. 저 자신도 상대방이 원하는 대로 서포트해주다 보니 어느새 돈을 벌게 되었고, 수입도 점점 늘어나면서 창업에 성공하게 되었습니다.

좋은 의미에서 수동적으로 됩시다! 고객의 무리한 요구를 받아들이고 어떻게든 해결하려다 보면 어느새 다양한 기술을 익힐 수 있게 됩니다. 그리고 그런 기술이 쌓이면 무리한 요구가 더 이상 무리하게 느껴지지 않게 됩니다. 경험치로 극복하거나, 누군가에게 의지하거나, 능력이 늘어나게 되면 대처할 수 있는 범위가 넓어지기 때문입니다.

그러면 신뢰를 얻어 더 큰 일을 맡게 되는 선순환이 이루어지게 됩니다. 돈을 받으면서 스스로를 성장시킬 수 있는 셈이지요. 특별한 기술이나 강점으로 승부하는 기업가를 가까이에서 보는 것도 귀중한 경험입니다.

그런 사람들의 생각을 배우는 것은 미래를 위한 시뮬레이션으로 연결됩니다. 언젠가 정말 자신이 하고 싶은 것을 발견했을 때, 그동안 겪었던 모든 경험과 기술이 도움이 될 것입니다.

장래에 어떤 길을 선택하든, 다시 말해 회사에서 계속 일하거나 회사를 그만두고 독립한다고 해도 언제든지 스스로 선택할 수 있는 힘을 갖추는 것이 가장 안전한 길이라고 할 수 있습니다. 우리 모두 소소한 창업을 시작해서 회사에 의존하지 않는 삶의 방식을 손에 넣도록 합시다.

정리

- 회사에서 무리한 요구에 대응해본 경험이 도움이 된다.
- 휘둘리는 힘을 발휘하면 성장할 수 있다.
- 소소한 창업은 기술도 수입도 향상시킬 수 있다.

회사를 그만두지 않고도 수입이 급상승했다

이시하라 아이코
(石原 愛子, 여성, 30대, 시스템 엔지니어)

'회사를 그만두는 리스크는 피하고 싶지만, 수입은 더 늘리고 싶어서' 소소한 창업을 시작했습니다. 현재도 IT 대기업에서 일하면서 소소한 창업을 병행하고 있습니다.

원래 부업에 관심을 갖게 된 것은 첫째 아이의 출산 휴가 중이었습니다. 시간적으로 여유가 생겨 전매 등을 통해 조금씩 수입을 얻고 있었지만 혼자서 일하는 것에 외로움을 느껴 '빨리 밖에서 일하고 싶다', '사회와 연결되고 싶다'라고 생각했습니다.

그래서 둘째 아이의 출산 휴가 중에 다나카 씨의 강좌를 수강하게 되었습니다. 회사에서 일하면서 부업을 병행하기로 생각하던 타이

밍에 '모두가 함께 승리하자', '자신이 앞에 나서는 것이 아니라 다른 사람을 서포트함으로써 조금씩 수입을 늘려가자'라는 다나카 씨의 메시지에 영향을 받았기 때문입니다.

제 페이스대로 할 수 있을 것 같다는 점도 좋았고, 다나카 씨가 전직 직장인이었으며 게다가 같은 시스템 엔지니어 출신이라는 점에서도 공감할 수 있었습니다. 저도 원래 시스템 엔지니어로서 혼자서 컴퓨터와 씨름하는 일을 해왔기 때문에 '다른 사람과 관계를 맺으며 일할 수 있을 것 같다', '재미있는 생각을 가진 사람들을 만날 수 있을지도 모른다'라는 생각이 든 점도 이러한 선택에 큰 영향을 줬다고 생각합니다.

누군가에게 도움을 줄 수 있다고 해서 강좌를 수강했지만, 어쩌다 보니 실제로는 제가 제 강좌를 먼저 만들고 저 혼자서 프로모션을 하는 경험을 하게 되었습니다. 저는 평범한 직장인입니다. 상품을 만드는 경험은 해본 적이 없었습니다. 그럼에도 다나카 씨가 "아이코 씨의 생활 방식 자체가 다른 사람에게는 매력적으로 보일 수 있어요"라고 말씀해주셔서 일단 제 상품을 만들어보기로 했습니다.

제가 제공한 강좌는 일과 결혼, 육아, 부업 등 하고 싶은 것을 모두 이루기 위한 마인드 관련 강좌였습니다. 저와 같은 또래 여성 두 분이 수강해주셨고, 이것은 정말로 소중한 경험이 되었습니다. 이러한 경험을 바탕으로 저는 프로듀서로서 프로모션을 담당하게 되었습니다. 다른 사람을 프로듀스하게 되면 '확실하게 해야겠다'라는 생각이 들고, 함께 일하면서 즐거움을 느끼는 경우가 많습니다.

출산 휴가를 마치고 복직하고 나니, 프로모션의 모든 과정을 혼자 돌보는 것에 시간적인 한계를 느끼게 되었습니다. 그래서 제 강좌의 수강생들에게 도움을 요청했고, 저는 세일즈에 특화된 업무나 자료 작성 등 일회성 작업을 맡는 스타일로 전환했습니다. 현재는 퇴근 후에 2~4시간 정도를 소소한 창업에 할애하고 있습니다.

주말에 일이 생겨 아이들과 놀아주지 못할 때도 있지만, 저는 남편이 협력해준 덕분에 일을 계속할 수 있었습니다. 그렇기에 '반드시 창업하는 게 좋다'라고 단정할 수는 없습니다. 하지만 조금씩이라도 소소한 창업을 하면서 자신의 성장을 실감할 수 있고, 사람들과의 관계도 점점 넓어져 매우 충실한 나날을 보내고 있습니다.

현재는 소소한 창업을 통해 월 10~20만 엔 정도의 수입을 얻고 있습니다. 직장인이 본업과 병행하면서 얻을 수 있는 수입으로는 현실적이고 이상적인 수준이 아닐까요. '회사를 그만두고 싶지는 않지만 더 다양한 경험을 하고 싶고 자신의 능력을 시험해보고 싶다'라는 동기로 시작한 것이기 때문에 앞으로도 본업과 병행하는 방식을 바꿀 생각은 없습니다. 앞으로는 회사 밖에서 얻은 경험과 지식을 본업에도 활용해 시너지 효과로 더욱 성장해나가고 싶습니다.

정리

- 다른 사람을 서포트하는 일에 공감할 수 있었다.
- 일회성 작업을 맡는 스타일로 전환했다.
- 본업과 병행하면서 일정한 수입을 확보할 수 있다.

제 2 장

'소소한 창업'에
도전해보자

한 사람, 한 사람에게
딱 맞는 소소한 돈벌이 아이디어
실제 사례집

'소소한 창업'
시작하기

이제부터는 제가 실제로 해왔던 '소소한 창업' 실천법에 관해 설명해보겠습니다. 소소한 창업은 사람에 따라 방법이 다르기 때문에 그 종류는 무궁무진합니다. 이번 장에서는 평범한 직장인이라면 누구나 평소에 해본 적 있는 주제는 물론, 한 발짝 더 나아간 특별한 기술이 필요한 방법에 이르기까지, 폭넓게 소개하려고 합니다.

실천 방법은 이해하기 쉽게 세 가지 유형으로 분류했습니다. 이 중 하나만 선택해도 여러분은 지금 당장 '소소한 창업'에 도전할 수 있습니다.

'내게는 어떤 것이 맞을까…?'
불안한 분들은 다음 페이지의 '스타트업 진단'을 먼저 해보시길 권합

단 10초! 보기만 해도 자신에게 딱 맞는 방식을 찾을 수 있는

'소소한 창업' 스타트업 진단

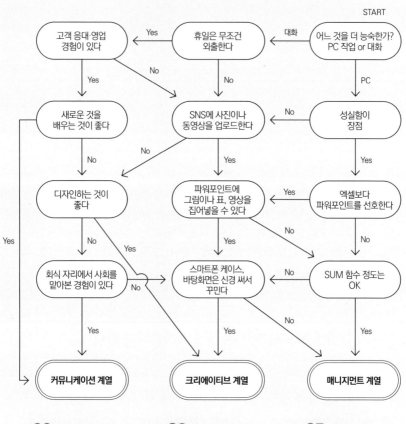

START

어느 것을 더 능숙한가?
PC 작업 or 대화

대화 → 휴일은 무조건 외출한다

Yes → 고객 응대·영업 경험이 있다

PC → 성실함이 장점

고객 응대·영업 경험이 있다 (Yes) → 새로운 것을 배우는 것이 좋다

휴일은 무조건 외출한다 (No), 고객 응대·영업 경험이 있다 (No) → SNS에 사진이나 동영상을 업로드한다

성실함이 장점 (No) → SNS에 사진이나 동영상을 업로드한다

새로운 것을 배우는 것이 좋다 (No) → 디자인하는 것이 좋다

SNS에 사진이나 동영상을 업로드한다 (Yes) → 파워포인트에 그림이나 표, 영상을 집어넣을 수 있다

성실함이 장점 (Yes) → 엑셀보다 파워포인트를 선호한다

엑셀보다 파워포인트를 선호한다 (Yes) → 파워포인트에 그림이나 표, 영상을 집어넣을 수 있다

디자인하는 것이 좋다 (No) → 회식 자리에서 사회를 맡아본 경험이 있다

디자인하는 것이 좋다 (Yes) → 스마트폰 케이스, 바탕화면은 신경 써서 꾸민다

파워포인트에 그림이나 표, 영상을 집어넣을 수 있다 (Yes) → 스마트폰 케이스, 바탕화면은 신경 써서 꾸민다

엑셀보다 파워포인트를 선호한다 (No), 파워포인트에 그림이나 표, 영상을 집어넣을 수 있다 (No) → SUM 함수 정도는 OK

SUM 함수 정도는 OK (No) → 스마트폰 케이스, 바탕화면은 신경 써서 꾸민다

회식 자리에서 사회를 맡아본 경험이 있다 (Yes) → 커뮤니케이션 계열

스마트폰 케이스, 바탕화면은 신경 써서 꾸민다 (Yes), 회식 자리에서 사회를 맡아본 경험이 있다 (No) → 크리에이티브 계열

SUM 함수 정도는 OK (Yes) → 매니지먼트 계열

새로운 것을 배우는 것이 좋다 (Yes) → 커뮤니케이션 계열

커뮤니케이션 계열

크리에이티브 계열

매니지먼트 계열

99페이지로

- 전화 응대
- LINE 회신 대응
- 세미나 리서치
- 세미나·행사 운영
- 비서 업무

89페이지로

- 이미지 제작
- 프레젠테이션 자료 작성
- 스마트폰 동영상 제작
- 웹 페이지 제작 & 디렉션
- 글쓰기 대행

83페이지로

- 엑셀로 수치 관리
- 시스템 설정 대행
- 광고 대행

니다. 진단에서 추천받은 실천법 말고 다른 것을 도전해도 괜찮습니다. 저는 이 모든 실천법들을 다 경험해보았습니다. '반드시 이것을 해야 한다'라고 단정 짓지 말고 다양한 것들에 도전해보시길 바랍니다. 그러면 여러분의 시장 가치는 점점 높아질 것입니다.

◎ 매니지먼트 계열

숫자 관리나 꾸준한 작업을 잘하는 분에게 추천합니다.

사람과 돈의 흐름을 관리하기 위해 매일 정기적으로 숫자를 보고하는 일이 많아요.

엑셀(Excel)로 수치 관리　　[난이도 : ★☆☆]

엑셀을 사용해 데이터를 집계하거나 관리하는 작업입니다. 저는 주로 세미나를 개최할 때 참가자 리스트를 관리하거나, 어떤 프로그램을 판매했을 때 구매자의 입금 내역 관리에 엑셀을 사용하곤 했습니다.

지금은 '엑셀'이라는 누구나 다 아는 소프트웨어 명칭으로 설명했지만, 사실 제가 기본적으로 사용하는 것은 구글의 '스프레드시트'라는 스프레드시트 소프트웨어입니다. 한마디로 말하자면, 온라인에서 공유할 수 있는 엑셀이라고 할 수 있지요.

스프레드시트는 구글 계정이 있으면 누구나 이용할 수 있고, 비용도 들지 않습니다. 또한, 동시에 여러 사람이 편집할 수 있다는 장점도 있어요. 엑셀을 사용할 수 있다면, 기본적으로 스프레드시트도 다룰 수 있을 것입니다.

예를 들어, 스프레드시트에 세미나 참가자 정보를 입력한다고 해 봅시다. 그리고 참가비 입금 상황 등을 확인하고 그 정보를 추가하기만 하면 곧바로 현황을 공유할 수 있는 그런 시스템이에요. 단순히 정보를 표로 만들기만 해도 고객들이 고마워하지만, 간단한 함수를 사용하면 놀라워합니다.

고객에게 '함수를 사용하면 실수도 줄어들어요'라고 알려주었더니 무슨 도라에몽이 비밀 도구를 꺼내는 것을 직접 목격이라도 한 것처럼 바라보는 경우도 있었어요.

<엑셀로 수치 관리>

소소한 자본으로도 할 수 있는 창업 아이템

엑셀 수치 관리는 '매일 회사에서 엑셀을 사용하고 있는 사람'이라면, 어떤 의뢰든 무난하게 작업할 수 있을 것입니다. 제 경우는 엑셀 편집만으로 돈을 받은 경험은 거의 없습니다.

앞에서 말한 예시로 보자면, '세미나 운영을 서포트'하는 업무에 '엑셀 편집' 작업이 포함되기 때문이지요. 즉, 엑셀 편집은 다양한 작업과 쉽게 연계될 수 있는 기본 중의 기본이라 할 수 있습니다.

 기준 단가 **참가자 명부 작성, 접수표 작성** ▶ 시급 1,000엔 정도부터

정리

• 고객 관리 등과 같은 작업에 필수다.
• 함수를 잘 다루면 금상첨화
• 다른 작업과 연계되어 발생하는 경우가 많다.

시스템 설정 대행 [난이도 : ★★☆]

사업을 하는 사람 중 대다수는 메일 매거진과 같은 도구의 중요성을 인정하지만, 바쁘다는 이유로 쉽게 착수를 하지 못하는 경우가 있습니다.

〈시스템 설정 대행〉

아마 몇 시간 정도 검색해보면 금세 따라 할 수 있는 일이지만, 솔직히 말해 귀찮지요. 일부 사람들은 메일 매거진 발송 시스템을 계약해놓고도 어떻게 발송해야 할지 몰라서 방치하는 경우도 있습니다.

그래서 저는 그런 사람들에게 로그인 정보를 받아 그들을 대신해 시스템을 설정하고 메일을 발송했습니다. 또한 메일 매거진뿐만 아니라 홈페이지를 만드는 무료 도구 등을 사용해 간단한 페이지 제작이나 업데이트도 진행했지요. 대행 업무는 매우 다양해서 SNS나 블로그의 게시물을 대신 작성해주는 일도 있습니다. 특히 컴퓨터 사용이나 설정을 어려워하는 의뢰인의 경우, 특히나 만족도가 높습니다.

> **정리**
>
> • 번거로운 설정 작업을 꺼리는 창업가가 많다.
> • 컴퓨터 작업이 서투르지 않은 사람은 접근하기 쉽다.
> • SNS나 블로그 운영 대행 등의 일도 있다.

광고 대행　　[난이도 : ★★★]

구글이나 야후, 페이스북 등에 광고를 올리는 일입니다. '광고'라는 말을 듣는 순간 경계하는 분이 계실 수도 있는데, 사실 '구글 광고 방법' 등으로 검색해보기만 해도 쉽게 광고를 올릴 수 있습니다. 또한 무료로 디지털 마케팅의 기본을 가르쳐주는 구글의 '디지털 워크숍'과 같은 e러닝도 제공되고 있습니다.

저는 배우는 것을 좋아해서 독학으로 광고 게재 자격증도 취득했어요. 광고 대행에 대해서는 '전문가 수준으로 할 수는 없지만 서로 협력하고 시행착오를 거치면서 해나가 봅시다'라는 자세로 임해왔습니다. 창업가에게 저렴한 비용으로 디지털 마케팅을 도와주는 사

<**광고 대행**>

람은 너무나도 고마운 존재입니다.

광고 기술은 자신의 성장에도 도움이 되고, 장래에 정말 하고 싶은 일을 찾았을 때 비즈니스에 꼭 필요한 존재가 될 것입니다. 여러분들이 꼭 도전해보셨으면 하는 일 중의 하나입니다.

**기준
단가**

광고용 이미지 제작 ▶ 1장당 약 500엔 정도
광고 계정 생성 ▶ 1건당 약 2,000엔 정도
광고 운영 ▶ 실적제

정리

• 비전문가라도 광고를 올릴 수 있다.
• 무료 e러닝으로 배우는 방법도 있다.
• 자신을 성장시키는 기회가 된다.

◎ 크리에이티브 계열

무언가를 만드는 일을 잘하는 분께 추천합니다. 영상이나 이미지, 슬라이드 등 회사에서 회의 자료를 만드는 것과 유사한 느낌으로 일할 수 있어요. 실력 향상에 따라 단가도 쉽게 올라가는 것이 특징입니다.

이미지 제작　[난이도 : ★☆☆]

이미지는 전단에 사용하는 것 외에도 페이스북에 올리거나 홈페이지나 세미나 자료에 사용하는 등 다양한 용도로 활용할 수 있습니다.

그런데 이 '이미지 제작'도 세부적으로 봤을 때 그 종류가 매우 다양합니다. 전문 디자이너처럼 포토샵과 같은 이미지 편집 소프트웨어를 사용해서 제작하는 방법도 있지만, 저는 파워포인트나 키노트(Keynote)를 활용해 텍스트를 입력하고 가공하는 수준의 이미지를 제공했어요.

'전단을 만들려고 하는데 이미지가 필요하다!' 이런 상황에서는 파워포인트로도 어느 정도 결과물을 만들어낼 수 있습니다. 레이아웃이나 퀄리티 있는 디자인이 필요한 작업의 경우, 클라우드 소싱 서비스를 활용해서 5,000엔에서 2만 엔 정도 비용으로 발주하

<이미지 편집>

고 의뢰인에게는 수수료를 받는 형태로 진행했습니다.

 따라서 군이 유료 소프트웨어를 구매하거나 특별한 기술을 배우지 않아도 평상시 업무할 때 일반적인 프레젠테이션 자료를 만들 수 있는 사람이라면 무난하게 할 수 있는 일이라고 생각합니다.

기준 단가

배너 제작 ▶ 1장당 약 1,000엔 정도부터
전단 제작 ▶ 1장당 약 3,000엔 정도부터

정리

- 전단이나 페이스북 등 이미지의 용도는 다양하다.
- 파워포인트로도 이미지를 제작할 수 있다.
- 클라우드 소싱 서비스를 활용하는 방법도 있다.

프레젠테이션 자료 작성　　[난이도 : ★☆☆]

　세미나 강사 중에는 슬라이드를 전혀 사용하지 않고(사실은 사용할 줄 몰라서), 화이트보드만으로 설명하는 사람도 많습니다. 하지만 설명용 자료를 만드는 것만으로도 세미나의 퀄리티는 크게 향상됩니다.

　그래서 저는 '슬라이드나 요약 정리가 있는 편이 좋아요!'라고 제안하며 파워포인트로 자료를 작성해드렸습니다. 자료는 강사를 인터뷰한 내용을 바탕으로 세미나 내용에 맞게 정리했습니다. 지금이야 어떤 자료를 만들어야 성공적인 세미나가 되는지 잘 알고 있지만, 초창기에는 세미나의 흐름을 그대로 슬라이드로 옮기는 것이 고작이었지요.

<프레젠테이션 자료 작성>

파워포인트로 프레젠테이션 자료를 작성할 수 있는 능력만 있으면 충분히 대응할 수 있습니다. 아니면 서점에서 파워포인트를 활용한 자료 작성 책을 찾아 읽어도 꽤 깔끔한 자료를 만들 수 있을 것입니다. 자료에는 이미지를 넣는 경우가 많기 때문에 앞에서 언급한 '이미지 제작' 작업과도 쉽게 연관 지을 수 있어요.

어쨌든 파워포인트 기술은 전단이나 팸플릿을 제작할 때도 유용하기에 마스터해두면 손해 볼 일이 없을 것입니다.

사내·사외 프레젠테이션 자료 작성 ▶ 1건당 약 1,000엔 정도부터
창업가가 개최하는 세미나에서 사용할 슬라이드 작성
▶ 1건당 약 3,000엔 정도부터

정리

- 프레젠테이션 자료 작성 기술은 돈이 된다.
- 이미지 제작 업무와 쉽게 연관 지을 수 있다.
- 책이나 인터넷을 통해 조사하면 디자인 능력을 향상시킬 수 있다.

스마트폰 동영상 제작 [난이도 : ★★☆]

　스마트폰을 사용해서 고객 유치를 위한 영상을 촬영하고 편집하는 작업입니다. 매장이라면 가게 분위기를 영상으로 찍어 소개할 수도 있고, 강사라면 세미나 내용을 5분 정도 홍보 영상으로 만들 수 있겠네요.

　기본적으로 홈페이지에 동영상을 올리기만 해도 반응이 매우 좋습니다. 1분짜리 영상의 정보량은 웹사이트 3,600페이지 분량에 해당한다고도 하지요. 5G 시대가 도래함에 따라 동영상 수요는 점점 더 커질 것입니다.

　앞으로의 시대는 동영상을 통한 정보 전달이 필수가 될 것입니다.

<스마트폰 동영상 제작>

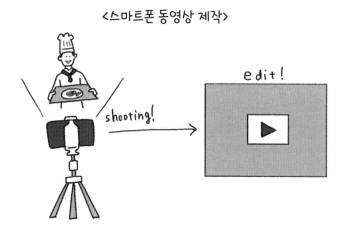

그런데도 "영상 편집은 어려워서…"라고 말하는 창업가도 많습니다. 그래서 소소한 창업을 하는 우리에게는 큰 기회가 될 것입니다.

"스마트폰으로 동영상을 찍은 적은 있지만 편집해본 적은 없어요…." 그런 사람도 괜찮습니다. 제 경우에는 'iMovie'라는 앱을 활용해 동영상을 편집하고, 필요에 따라 자막 등을 삽입해 유튜브에 업로드하는 방식으로 작업했습니다. 'iMovie 편집법'이나 '유튜브 동영상 업로드 방법' 등을 검색하면 기본적인 방법은 익힐 수 있어요.

물론 저도 동영상 촬영의 경우, 기술적으로 향상할 여지가 많다는 것을 알고 있습니다. 하지만 동영상 촬영의 경우, 기술적인 면보다는 '무엇을 찍을지'를 결정하는 것이 훨씬 더 중요하다고 생각합니다. 오해를 무릅쓰고 말하자면, 찍어야 할 내용을 찍고 결과를 낼 수 있다면 기술적으로는 초보 수준이어도 괜찮습니다.

동영상을 제작할 수 없는 고객 입장에서는 그 정도로 프로 수준의 퀄리티를 요구하지 않기 때문이지요. 무엇을 촬영하고 편집해야 할지는 상대와 커뮤니케이션하면서 찾아가면 됩니다. 기술보다는 커뮤니케이션에 힘을 쏟는 편이 더 좋은 결과로 이어질 것입니다.

정리 ◯◯◯

- 동영상은 앞으로의 시대에 필수적인 요소다.
- 기본적인 기술이 있으면 OK
- '무엇을 찍을지'가 중요하다.

웹 페이지 제작 및 디렉션   [난이도 : ★★☆]

  세상에는 수많은 홈페이지 제작 전문가들이 존재합니다. 저 역시 처음에는 잘 몰라서 그런 전문가들에게 외주를 맡겼습니다. 그러던 중, 어느 정도 수준이라면 내가 직접 제작할 수 있다는 것을 알게 되었습니다. 그것도 무료로요. 그래서 스스로 제작하게 되었습니다.

  '워드 프로세스'라는 프로그램을 활용하면 무료로 페이지를 제작할 수 있고, 클라이언트의 요구에도 대부분 대응할 수 있습니다. 제가 하는 일이 어디까지나 '어설픈 홈페이지 제작'이라는 것을 저도 잘 알고 있습니다.

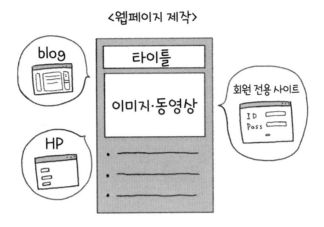

<웹페이지 제작>

하지만 그런 어설픈 홈페이지라도 2~3만 엔이라는 저렴한 비용에 제작하면 의뢰인은 크게 만족하기 마련이지요. 아무래도 보통 전문 가에게 맡기면 수십만 엔이 드는 경우가 흔하기 때문이에요. 오히려 '어설픈 홈페이지 제작'을 원하는 사람도 많기 때문에 자신감을 가지고 도전해보시길 바랍니다.

어쩔 수 없이 전문적인 사이트가 필요한 경우에는 디자이너에게 의뢰해서 제작하면 됩니다. 이것이 바로 디렉션입니다. 소소한 창업을 하면서 깨달은 사실은 클라이언트는 전문가에게 의뢰하는 방법을 모른다는 것입니다. 그래서 이런 고민도 돈으로 바꿀 수 있습니다.

'주변에 웹페이지 디자인을 할 수 있는 디자이너가 없다'라며 고민하는 고객의 경우, 클라우드 소싱 서비스를 통하면 쉽게 해결해드릴 수 있습니다. 예를 들어, 제 경우는 30만 엔에 홈페이지 제작 의뢰를 수주하고 디자이너에게 15만 엔에 재의뢰하는 방식으로 디렉션을 진행했습니다. 차액 15만 엔이 저의 수입이 되는 셈이지요. 이런 방식으로 비전문가도 홈페이지 제작 업무를 할 수 있습니다.

기준 단가

무료 홈페이지 제작 ▶ 1건당 수만 엔 정도부터
전문 디자인 홈페이지 디렉션 ▶ 1건당 수십만 엔 정도부터
회원 전용 사이트 구축 ▶ 1건당 수만 엔 정도부터

정리

- 무료로 제작할 수 있는 수준이라도 충분히 만족감을 준다.
- 오히려 저렴한 홈페이지를 원하는 사람도 많다.
- 전문 디자이너에게 의뢰하는 디렉션 업무도 있다.

글쓰기 대행　　[난이도 : ★★★]

　창업가나 세미나 강사를 대신해 블로그나 페이스북, X(구 트위터)의 게시글이나 이메일 뉴스레터, 혹은 세미나 고객 유치용 글을 작성하는 작업입니다. 문서로 정보를 전달하는 기회는 무궁무진하기 때문에 비교적 자주 의뢰가 들어와 지속적으로 할 수 있는 일이지요.

<글쓰기 대행>

글쓰기라고 한 단어로 표현하지만, 그 내용은 정말 다양합니다. 일반적인 '공지사항'이나 '알림'을 작성할 때도 있고, 창업가의 생각을 글로 풀어낼 때도 있습니다. 상품 판매나 채용에 직접적으로 영향을 미치는 글쓰기는 건당 단가가 높습니다.

글을 쓰는 방법에도 여러 가지가 있습니다. 예를 들어 동영상을 글로 풀어내어 메일 매거진 형식으로 정리하거나, 창업가와 대화를 나누고 그 녹음 데이터를 바탕으로 글을 작성하는 등 말이지요.

오늘날 많은 사람이 소셜 미디어 등에 일상적으로 글을 쓰고 있습니다. 그래서 글을 쓰는 것에 대한 거부감은 그다지 없을 것입니다. 특별한 글쓰기 능력은 필요 없어요. '가능한 한 이해하기 쉬운 말로', '문장은 짧게 끊어서', '주어와 서술어가 이어지도록' 주의하면 제대로 된 문장을 쓸 수 있습니다.

기준 단가

동영상을 글로 풀어 메일 매거진 형태로 정리 ▶ 1자당 약 2엔 정도부터

블로그 글쓰기 대행 ▶ 1건당 약 2,000엔 정도부터

판매용 홈페이지 글쓰기 대행 ▶ 1건당 약 10만 엔 정도부터

정리

- 글로 정보 전달을 서포트할 기회는 풍부하다.
- 작성할 글의 종류는 다양하다.
- 기본적인 글쓰기 방법을 신경 쓰면 만족스러운 글이 된다.

◎ 커뮤니케이션 계열

사람과 대화하는 것을 잘하는 분께 추천합니다.

고객 응대나 영업 경험을 그대로 살릴 수 있는 일이 많습니다. 현장에 직접 가서 도움을 주는 경우도 있기 때문에 의뢰인과의 신뢰 관계를 더 쉽게 쌓을 수 있다는 특징도 있습니다.

전화 응대　[난이도 : ★☆☆]

의뢰인을 대신해 전화를 받는 일입니다.

'비서 대행 서비스를 이용할 예산은 없지만, 전화를 받기 힘든 상황이다.'

'특정 행사 때에는 누군가에게 전화 응대를 부탁하고 싶다.'

이러한 니즈로 인해 발생하는 업무지요.

전화 응대에만 국한되지 않고 세세한 일들을 대신 맡아 의뢰인이 본업에 집중할 수 있는 환경을 만들어주면 고객들은 크게 만족합니다.

제가 자주 했던 일을 예로 들어볼까요? 저는 세미나 참가자를 모집한 후 개최 직전에 확인 전화를 돌리거나 미입금한 참가자에게 '입금 부탁드립니다!'라고 연락하는 업무를 했습니다.

특히 고객들의 만족도가 높았던 것은 긴급 상황 시 전화 응대 업무였어요. 세미나를 개최하면 거의 항상 긴급한 일이 발생한다고 해도 과언이 아니에요.

〈전화 응대〉

소소한 자본으로도 할 수 있는 창업 아이템

"지금 회장으로 가고 있는데, 길을 헤매고 있어요. 길을 알려주시겠어요(데리러 와주시겠어요)?"

"갑자기 세미나에 참가할 수 없게 되었는데, 어떻게 하면 좋을까요?"

이런 전화에 강사 본인이 일일이 응대할 수는 없습니다.

개인적으로 활동하는 사람의 경우, 누군가가 긴급 시 대응을 해야 하지요. 그래서 "제가 긴급 전화번호를 만들 테니 긴급 시 대응은 저에게 맡기세요!"라고 먼저 나서서 전화 응대 업무를 맡았습니다.

전화 응대 업무의 경우, 핀포인트로 '세미나 당일 전화 응대를 부탁드려요'라고 단독 의뢰를 받기보다는 세미나 · 행사 운영에 관련 연관 업무로 발생하는 경우가 대부분입니다.

고객 전화 응대 ▶ 시급 1,000엔 정도부터

영어로 전화·메일 응대 ▶ 1건당 1,000엔 정도부터

창업가의 대표 번호로 오는 전화 응대 ▶ 시급 1,000엔 정도부터

정리 🧑‍🤝‍🧑

- 행사를 개최할 때 발생하기 쉽다.
- 긴급 상황 시 전화 응대는 귀하게 여겨진다.
- 다른 일과 연동되는 경우가 많다.

라인 회신 대응   [난이도 : ★☆☆]

라인(LINE) 회신을 대행하는 업무입니다. 라인의 경우, 비즈니스용 라인 계정이 별도로 존재합니다. 사용자에게 일괄 메시지를 발송하거나 라인 한정 쿠폰을 발송할 수 있어 음식점, 미용실 등의 매장형 업종에서 비교적 자주 활용하고 있지요. 실제로 음식점 등을 가보면 계산대 근처에 '라인 시작했어요'라며 등록을 권유하는 알림판을 종종 볼 수 있습니다.

라인은 많은 고객에게 뉴스나 공지사항을 전달할 수 있다는 장점이 있습니다. 하지만 개별 대화에 일일이 대응하기가 어려운 점도 있습니다. 특히, 등록자 수가 100명, 500명, 1,000명…, 이렇게 증가하면 매장이나 강사의 부담도 커지게 될 것입니다.

<LINE 회신>

이로 인해 생겨나는 일이 바로 회신 대응 업무입니다. 저 또한 클라이언트를 대신해 질문에 답변하는 회신 대응 일을 한 적이 있었습니다. 도저히 답변할 수 없는 질문에 대해서는 "이런 질문을 받았는데 뭐라고 답할까요?"라며 강사에게 직접 문의하며 대응했던 일이 생각나네요.

물론 회신만 대행하지 않고 라인 설정에서부터 정보 발송, 회신 대행에 이르기까지의 모든 운영을 통합 패키지로 맡는 방법도 있습니다.

'라인에 관심은 있지만 좀처럼 손을 대지 못하겠다'라는 사람도 많기 때문에 여러 회사로부터 라인 운영 의뢰를 받기만 해도 소소한 창업으로써는 안정적인 수입원이 될 수 있습니다. 정보 발송을 돕는 경험은 자신의 능력을 높이는 데에도 도움이 되므로 적극적으로 추천합니다.

기준 단가 **창업가나 법인이 운영하는 라인 회신 대행** ▶ 시급 1,000엔 정도부터

정리
- 음식점 등 매장에서 수요가 많다.
- 통합 패키지로 맡는 유형도 있다.
- 틈새 시간을 활용해 일할 수 있다.

세미나 리서치 [난이도 : ★☆☆]

세미나 리서치는 의뢰인을 대신해서 세미나에 참가한 뒤, 그 내용을 보고하는 일입니다.

최근에 책 요약 사이트가 주목을 받기 시작했습니다. 요약 사이트에는 비즈니스 서적이나 교양 서적 등의 요약이 올라와 있으며, 보통 한 권당 약 3분 정도면 읽을 수 있습니다. 책의 대략적인 내용을 파악할 수 있고, 그중 마음에 드는 책이 있으면, 인터넷 서점을 통해 주문할 수도 있습니다.

세미나 리서치는 그것을 세미나에 적용하는 것입니다. 음식점의 미스터리 쇼퍼 업무와도 조금 유사하다고 할 수 있겠네요. 가고 싶

<세미나 리서치>

은 세미나가 있어도 시간이 없어서 갈 수 없어 고민하는 사람이 꽤 많습니다. 그런 사람들에게는 누군가 세미나에 대신 참석해 보고서를 작성해주면 그것만큼 도움이 되는 일도 없겠지요.

이 일의 재미있는 부분은 돈을 받으면서 자신도 배울 수 있다는 점입니다. 배운 것을 다시 한번 끄집어내면 지식이 머릿속에 정착된다고 하지요. 세미나 리서치의 경우, 반드시 보고서를 작성해야 하므로 확실히 아웃풋할 수 있게 됩니다. 자신의 학습 효과도 상당히 높아지는 셈이지요.

인터넷을 보면 '세미나를 신청했는데 갈 수가 없어서 대신 참석하고 내용을 요약해주실 분 계신가요?'라는 글을 종종 보게 됩니다. 세미나에 참석하는 것을 좋아하고 보고서를 잘 정리하는 사람에게는 딱 맞는 일이라고 할 수 있습니다.

 세미나 대리 참가 ▶ 시급 1,000엔 정도부터

정리

- 세미나에 대신 참가한 뒤 보고서를 제출한다.
- 자신의 학습에도 도움이 된다.
- 의뢰하는 사람이 꽤 많다.

세미나·행사 운영   [난이도 : ★★☆]

세미나나 행사 운영을 서포트하는 업무입니다. 구체적으로는 사이트에서 세미나룸을 검색해서 장소를 예약하는 것부터, 참가자 명단 작성, 당일 접수, 입금 관리, 종료 후 2차 모임 장소 예약 및 유도에 이르기까지 세미나·행사에 따른 여러 부수적인 일을 합니다.

회사에서 행사 운영이나 회식 자리 총무를 경험해본 사람이라면 대체로 어떤 일을 해야 할지 경험적으로 이해하고 있을 것입니다.

이런 행사의 경우, 운영 당일에도 해야 할 일들이 많습니다. 예를 들어, 세미나 중에 회장이 더운 것 같으면 에어컨 설정 온도를 낮추

〈세미나·행사 운영〉

거나 하는 세세한 배려도 중요한 업무 중 하나입니다. 당일에 회장에 오지 않은 사람에게 연락하거나 2차 모임 참가자에게 참가비를 징수하는 등 소소한 서포트 하나하나가 중요하다고 할 수 있습니다.

제 경우, 처음에는 몇 명이 참가하는 소규모 세미나 운영을 서포트했지만, 강사가 점점 유명해진 나머지 최종적으로는 200명에 가까운 세미나를 운영하게 되었습니다. 기본적인 운영 흐름은 변하지 않지만, 큰 세미나를 문제없이 운영해봤던 경험은 자신감으로 이어졌습니다.

세미나 접수 ▶ 시급 1,000엔 정도부터
세미나 리마인더 발송 ▶ 시급 1,000엔 정도부터

정리 ⊹⊹⊹

- 세미나·행사 운영의 경우 많은 일이 발생한다.
- 회사에서 총무를 했던 경험이 도움이 된다.
- 큰 행사를 성공적으로 마치면 자신감이 생긴다.

비서 업무 　[난이도 : ★★☆]

　비서 업무란, 경영자나 창업가 등의 밑에서 사무 작업을 맡아 하는 것을 말합니다. 최근에는 재택에서 이런 비서 업무를 하는 '재택 비서'가 증가하고 있으며, 재택 비서를 모집하는 포털 사이트도 있습니다.

　'직접 청구서나 상품을 발송하고 있지만 바빠서 일손이 부족하다', '사람을 고용하고 싶지만, 정직원으로 채용하기에는 부담이 크다'라는 창업가들과 '풀타임 근무는 어렵지만, 육아를 하다가 조금 한가해진 시간에 융통성 있는 방식으로 일하고 싶다', '육아를 하면서도 할 수 있는 일을 찾고 있다'라는 여성들이 많기 때문에 재택 비서라는 근무 방식이 증가하고 있습니다.

<비서 업무>

소소한 창업에서 말하는 비서 업무도 이 재택 비서의 업무 방식과 거의 유사합니다. 비서 업무의 경우, 기본적으로 출퇴근할 필요가 없으며, 일수나 시간 단위로 집에서 업무를 하게 됩니다. 구체적인 업무로는 전화나 이메일 응대, 상품 포장 및 발송, 자료 작성, 청구서나 영수증 작성, 일정 관리 등이 있습니다. 즉, 지금까지 설명했던 업무들을 종합적으로 맡아서 하는 이미지라고도 할 수 있지요.

제 경험을 예로 들어보겠습니다. 저는 어느 가게에서 DM이나 감사 편지 발송 작업을 했던 적이 있습니다. 그 가게의 경영자는 매니지먼트로 바빴고, 아르바이트 직원도 가게 일로 바빴습니다. 고객에게 발송하는 업무까지는 도무지 일손이 부족해서 할 수 없었습니다. 그래서 제가 고객 회원 카드 정보를 관리하고 감사 편지나 연하장, DM 발송을 도맡아 했습니다.

창업가들 중에는 '수많은 명함을 받았는데, 도저히 관리할 수 없다'라는 사람도 있어서 명함 정보 관리 등도 수요가 있으리라 생각합니다. 만약 감사 편지 문구나 연하장 문구를 제안할 수 있으면, 더 많은 의뢰를 받을 수 있을 것입니다.

덧붙여 말할 필요도 없지만, 개인 정보를 다루기 때문에 취급에 문제가 있으면 법적 처벌을 받을 수 있으니 특별히 주의하시길 바랍니다.

고객 미입금 시 전화 대응 ▶ 시급 1,000엔 정도부터

강좌 운영 시 이메일 수신 발신 ▶ 시급 1,000엔 정도부터

친목회 장소 예약 ▶ 시급 1,000엔 정도부터

경비 정산서 작성 ▶ 시급 1,000엔 정도부터

사내 캘린더에 일정 등록 ▶ 시급 1,000엔 정도부터

컨설팅 예약 접수 시스템 설정 ▶ 시급 1,000엔 정도부터

정리

• 재택 비서라는 근무 방식이 증가하고 있다.
• 비서 업무는 소소한 창업을 종합한 근무 방식이다.
• 사회인에게 있어 기본적인 기술들이 가장 도움이 된다.

'소소한 창업'
가속화하기

　지금까지 소소한 창업에서 하는 업무에 대해 '매니지먼트 계열', '크리에이티브 계열', '커뮤니케이션 계열'의 세 가지 유형별로 소개했습니다. 물론 여기서 설명하지 않은 일들도 많이 있습니다. 이 책에서는 일단 바로 시작할 수 있을 만한 것들을 중심으로 소개하고 있으니 꼭 도전해보시기 바랍니다.

　이 장에서는 소소한 창업을 성공적으로 실천하는 데 필수적인 사고방식에 관해서 이야기해보고자 합니다.

세심한 서포트가
평생 연봉을 최대화시킨다

소소한 창업의 주요 고객들은 누구일까요? 바로 이미 화려한 창업을 해서 어느 정도 성공을 거둔 사람들입니다. 즉, 자신의 브랜드를 어느 정도 확립한 사람들이라는 것이지요. 이러한 사람들은 많은 장점을 갖고 있습니다. 자신이 무엇을 좋아하는지, 무엇을 잘하는지를 잘 알고 있으며, '자신이 무엇을 판매하고 싶은지'를 명확히 알고 있습니다. 또한 카리스마가 있으며, 약간 신비로운 매력을 지니고 있고 충만한 자신감과 강인한 정신력을 가지고 있습니다.

하지만 그렇다고 해서 모든 면에서 완벽한 것은 아닙니다. 이들의 가장 큰 특징은 세심하게 신경 써야 하는 것들을 잘하지 못한다는 점입니다. 좋게 말하면 세세한 것들은 신경 쓰지 않는다는 것이고, 바꿔 말하면 배려가 부족한 것이지요. 조금 극단적으로 말하자면, 어떤 의미로는 '회사에서 정상적으로 일할 수 없는 사람들'인 셈입니다.

그런 사람들이 회사를 운영하거나 사업을 크게 확장하려고 하면 반드시 어려움이 발생하게 마련입니다. 왜냐하면 경영은 수많은 잡다하고 소소한 실무들에 의해 뒷받침되기 때문이지요.

상상해봅시다. '입금이 되었는지 계좌를 확인한다', '전화로 고객 응대를 한다', '회의 자료를 만든다' 등, 이런 잡다하고 세세한 일을 담당해주는 사람이 없으면 회사는 돌아가지 않습니다. 그리고 현실적으로 창업가 중 상당수가 혼자서는 세세한 것에 신경을 쓰지 못합니다.

여기서 소소한 창업을 실천하는 우리가 나서야 할 때입니다. 아직 자신의 브랜드를 확립하지 못한 사람이라도 누군가를 응원함으로써 힘을 발휘할 수 있고, 나아가 일이 되는 것이지요.

제 경험을 소개해보겠습니다. 제가 소소한 창업을 처음 시작했을 무렵, 서포트했던 창업가분은 중국식 자기 계발을 전하는 스피리츄얼 카운슬러(영능력자)였습니다. 자신감이 넘치고 자신의 브랜드가 널리 퍼질 것에 대해 전혀 의심하지 않는, 저와는 비교할 수 없을 만큼 '정말 대단한 사람'이었지요.

당시에는 아직 비즈니스적으로 크게 성공한 상태는 아니었습니다. 실무는 방치한 채 무엇을 하든 시간이 걸리는 그런 분이셨어요. 어느 세미나에서 알게 되어 무료로 홈페이지를 만들어드린 것을 계기로 그분이 혼자서는 신경 쓸 수 없는 잡다한 일들을 제가 도와주는 관계가 되었습니다.

카운셀러로서 당시 연매출은 300만 엔 정도로, 카리스마가 있는 것도 아니었고, 어디에서나 볼 수 있는 카운셀러 중 한 명이라는 흔한 포지션 이었던 것 같습니다. 하지만 그분은 아직 상품에 대한 반응이 전혀 없는 데도 불구하고 "내 상품은 일본 전역에 퍼질 거야! 그만한 가치가 있다고"라며 자신만만해했습니다. 매출 7만 엔에 불과한 자신의 스쿨을 보고 '반드시 월매출 100만 엔을 달성할 거야!'라고 말했을 정도입니다.

제가 봤을 때는 '도대체 무슨 근거로 그런 말을 하는 걸까?' 머릿 속에 물음표가 가득했지만, 본인은 태연하게 이렇게 말씀하셨어요.
"다나카 군, 영상을 활용해서 어떻게든 해보게. 반년 동안 여러 일을 도와준 자네가 꼭 도와줬으면 좋겠어."
이런 식으로 무리한 부탁을 받은 저는 어쨌든 그 말대로 뛰어들었습니다. 영상을 활용한 비즈니스는 해본 적이 없었지만요. 어쨌든 '모든 것은 테스트'입니다!

그런데 그분은 사람들의 용기를 북돋우거나 세미나 무대 위에 올라가 사람들 앞에서 이야기하는 데 탁월했습니다. 정말이지, 일반 사람들은 도저히 따라 할 수 없는 천부적인 재능을 갖고 있었지요.

반면 입금 확인을 하거나 신청을 관리하는 것에는 전혀 재주가 없었습니다. 인터넷이나 IT 관련도 서툴렀지요. 그래서 그분이 잘하지 못하는 '사무적인' 일들은 전부 제가 대신 담당하게 되었습니다.

'사무'나 'IT' 관련해서 뒤에서 서포트하는 것은 하나부터 열까지다 했습니다. 몇 달에 걸쳐 영상을 촬영하고 그 영상을 편집해 열람용으로 가공했지요. 세미나 참가자를 모집하기 위한 전단을 작성해 홍보하기도 했고, 메일 매거진을 발송하는 등 그분이 서툴어하는 작업은 제가 전부 더듬더듬해나갔습니다.

힘들다고 생각할 수도 있지만, 이러한 일들을 하나씩 착실히 해나갔더니 초보자인 저도 어떻게든 할 수 있었습니다.

하지만 이런 일들이 창업가 본인에게는 '자신은 할 수 없는 일'들로만 보였을지도 모르겠네요. 결과적으로 제가 서포트함으로써 그분은 본업에 집중할 수 있었고, 연매출 300만 엔이었던 것이 어느새 월매출 4,000만 엔까지 달성하게 되었습니다.

'다나카 군이 여러 가지 일을 도와준 덕분에 잘되었다!'라고 주변 창업가들에게 입소문을 내주셨던 걸까요? 그 결과를 지켜본 사람들에게서 '나도 다나카 군에게 도움을 받고 싶다!'라는 요청이 쇄도하게 되었습니다.

정리

- 재능 있는 창업가일수록 잡다하고 소소한 일을 잘하지 못하는 경우가 많다.
- '상대방이 할 수 없는 일'을 '도와주는' 것이 소소한 창업의 기본이다.
- 힘든 작업도 착실히 해나가면 초보자도 어떻게든 해낼 수 있다.

자기 탐색보다 자신이
정말로 잘하는 것을 발견한다

소소한 창업에서 하는 업무 내용은 서포트하는 상대에 따라 정말 다양합니다. 예를 들어, 의뢰인이 IT나 사무 작업에 서투른 경우입니다. 의뢰인은 '오늘 세미나에 몇 명이 참가할지'를 정리하는 일에도 많은 시간이 걸릴 것입니다.

저는 참가자 명단을 작성하고 세미나용 전단을 제작 및 배포하며 신용카드 결제 절차를 진행했습니다. 그 밖에도 '신청해주셔서 감사합니다. 세미나 당일 세부 사항을 보내드리겠습니다!'라고 사전에 연락하는 것은 물론이고, 당일에는 세미나 접수까지 정말로 각종 잡다한 업무를 맡아서 했습니다.

홈페이지 관리나 메일 매거진 발송 등의 경우 처음에는 상당한 비용을 지불하고 전문 업체에 맡겼습니다. 하지만 간단한 업데이트나 발송이라면 저도 할 수 있다는 것을 알게 된 후에는 점점 제가 직접 담당하게 되었습니다.

어느 날 한 가지 의뢰를 받았습니다.

"다나카 군! 블로그의 헤더 디자인을 바꾸고 싶은데 할 수 있겠나?"

하지만 전문적인 지식이 없었던 저는 잘할 수 있을지 자신이 없었어요. 그래서 이 일을 대신해줄 사람을 찾기 위해 '크라우드웍스'와 같은 클라우드 소싱 서비스를 이용하기로 했지요. 제시한 금액은 몇만 엔 정도로, 전문 업체에 의뢰하는 것보다 훨씬 저렴했어요.

다른 의뢰인 중에 패션 회사 사장님도 계셨습니다. 처음에는 그분이 참석하는 미팅의 회의록을 작성하는 일을 담당했습니다. 이른바 서포트 업무였지요. 그분은 매우 만족해하셨고, 점차 이것도 저것도 도와달라고 하셨습니다. 사무실 청소를 시작으로 인재 채용 보조, 회사 회계 시스템 사양 결정, 잡지 모델로 촬영에 참여하는 일까지, 다양한 일을 맡게 되었습니다. 문득 정신을 차려보니 매주 그 회사에 출근하게 되었지 뭔가요?

여러 회사에서 공통으로 맡았던 일은 영상 촬영 및 편집이었습니다. 예를 들어, 음식점의 경우, 요리하는 모습을 동영상으로 촬영해 홈페이지에 올리면 고객 유치에 도움이 됩니다. '영상 촬영'이라고 하면 전문 카메라맨을 사용한 대규모 작업을 떠올리는 사람도 있겠지만, 스마트폰으로 촬영한 뒤 단순하게 일부를 잘라내는 것으로도 충분합니다.

영상을 편집하는 방법은 인터넷에서 검색해서 배웠습니다. 그리고 전부 무료 앱으로 편집할 수 있었어요. 처음에는 정말로 더듬더듬하며 작업했는데, 납품 후 고객 만족도는 높았습니다. 오히려 전문가에게 의뢰하는 것보다 저에게 맡기는 것이 부담도 적고 저렴했는지 비슷한 일을 잔뜩 맡게 되었습니다.

"다나카 군, 어느 회사에서 홈페이지에 영상을 올리면 좋지 않겠냐고 영업하는데, 솔직히 어떻게 생각하나요?"
"그거, 제가 한다면 5,000엔에 할 수 있겠는데요?"
"1만 엔 정도 든다고 하던데, 정말로 5,000엔에 할 수 있겠어요?"
"네, 할 수 있지요!"
"그럼, 부탁해요."

이런 식으로 의뢰받는 경우도 자주 있었습니다. 따라서 소소한 창업은 특별한 기술이 없어도 일을 할 수 있습니다. 무엇보다 저 자신이 그 증거입니다.

소소한 서포트 업무를 맡은 후에는 도중에 자주 진행 상황을 보고하기만 해도 '다나카 씨는 항상 열심히 해준다', '우리 회사를 생각해준다'라며 감동받는 경우가 많습니다. '보고·연락·상담'은 직장인으로서는 늘 하는 일이지만, 소소한 창업에서는 상당히 효과를 발휘한다는 사실을 깨달았습니다.

이처럼 소소한 창업을 하다 보면 회사에서 일할 때는 알아차리지 못했던 자신의 의외의 재능을 깨닫게 되는 순간이 많습니다. 그래서 다른 사람을 응원하면서 돈을 버는 '소소한 창업'이 어설프게 자기 탐색을 하는 것보다 훨씬 더 많은 깨달음이 있는 것이 아닐까 생각합니다.

정리

- 소소한 창업의 내용은 다양하다.
- 뛰어난 기술이 없어도 일을 할 수 있다.
- 소소한 창업을 통해 자신의 재능을 발견할 수 있다.

원격근무는 '세 가지 신문물'로
마스터할 수 있다

소소한 창업을 하면 자택이든, 여행지든 상관없이 언제 어디서나 일할 수 있는 근무 방식을 실현할 수 있습니다. 제가 소소한 창업으로 서포트 업무를 할 때는 대면으로 커뮤니케이션이 필요한 경우도 있는가 하면, 처음부터 끝까지 완전히 온라인상에서만 업무가 이루어지는 경우도 있습니다. 그럴 때 필요한 것이 온라인 업무를 가속화시켜주는 도구입니다.

다음의 세 가지 종류의 도구를 잘 활용하면, 더욱 효율적으로 소소한 창업을 실천할 수 있습니다.

신속하게 사내외 커뮤니케이션이 이뤄지는 '챗워크'

먼저, 챗워크(ChatWork)입니다. 챗워크에는 채팅 기능이나 파일 전송 기능 등 채팅을 비즈니스에 원활하게 활용하기 위한 충실한 기능이 있습니다. 그 외에도 업무 효율화에 도움이 되는 작업 관리 기능 등도 있지요. 무료의 경우 기능에 제한은 있지만, 그래도 어느 정도까지는 사용할 수 있습니다.

이메일의 경우에는 매번 인사말이나 서명 등 대화에 격식을 차리게 되어 반응이 느린 것이 단점입니다. 또한 라인(LINE)이나 페이스북(Facebook) 메신저 등의 경우는 자료 검색이 어렵고 비즈니스와 개인적인 대화가 섞여서 혼란을 가중시킬 수 있습니다. 스마트폰에서도 PC에서도 사용할 수 있는 챗워크는 외부와의 커뮤니케이션에 필수입니다.

장소와 단말기를 가리지 않고 손쉽게 대화할 수 있는 '줌'

두 번째는 줌(Zoom)입니다. 줌은 미국에서 개발된 온라인 회의 도구입니다. 이것을 사용하면 직접 대면하는 것 같은 커뮤니케이션을 할 수 있습니다.

줌은 여러 사람들이 참여하는 미팅에도 사용할 수 있고, 파워 포인트 같은 자료도 화면에 띄우면서 대화를 나눌 수 있습니다. 회선도 안정적이어서 실제 대화하는 것 같은 감각으로 사용할 수 있지요. 화면 녹화도 손쉽게 할 수 있어 회의록 등을 작성하지 않고 녹화한 영상을 미팅이 끝난 직후 참가자에게 공유할 때도 굉장히 편리합니다. 상대방의 기기가 스마트폰이든 컴퓨터든 신경 쓰지 않고 사용할 수 있어 부담 없이 미팅할 수 있습니다.

'1초' 만에 정보 공유하는
'구글 스프레드시트·도큐먼트·슬라이드'

마지막으로 구글이 무료로 제공하는 온라인 애플리케이션들입니다. 도큐먼트(Document)는 마이크로소프트의 워드, 스프레드시트(Spreadsheet)는 엑셀, 슬라이드(Slide)는 파워포인트와 비슷하다고 할 수 있어요. 완전히 동일하지는 않지만, 알기 쉬움을 중시해 누구나 쉽게 조작할 수 있도록 단순하게 구성되어 있지요. 여러 사람이 동시에 업데이트할 수도 있고 기록 관리도 완벽합니다.

온라인에서 모두가 동시에 자료를 업데이트하면서 회의를 진행할 수 있으며, 비즈니스 파트너가 마이크로소프트 오피스 프로그램이 없더라도 데이터를 확인할 수 있어 원활하게 업무를 진행할 수 있습니다.

이 책도 이 세 가지 신문물을 사용해서 처음 몇 번을 제외하고는 담당 편집자인 오구라 미도리 씨와 만나지 않고 작업할 수 있었습니다. 과도하게 정중한 이메일을 주고받지 않아도 되고, 이동하는 시간도 줄일 수 있어 더욱 창의성이 요구되는 일에 시간을 할애할 수 있게 됩니다.

소소한 창업에 국한되지 않고 여러분이 현재 근무하는 회사에도 이 세 가지 신문물을 도입해보면 어떨까요? 아마 업무 효율이 크게 향상될 것입니다. 제가 경영하는 회사에도 오키나와에서 홋카이도에 이르기까지 원격근무로 일하는 직원들이 늘어났습니다. 그뿐만 아니라 해외 고객들도 증가하고 있지요.

우리는 언제 어디서든 일을 할 수 있습니다. 그런 시대일수록 이 '세 가지 신문물'을 잘 활용해서 원격근무를 마스터하도록 합시다.

정리

- 세 가지 신문물을 잘 활용하면 언제 어디서든 일할 수 있다.
- 대면으로만 할 수 있는 일이 점점 줄어들고 있다.
- 무료로 어느 정도 기능을 사용할 수 있다.

'작은 일'일수록
크게 성장할 수 있다

여러분이 보시기에 소소한 창업의 이미지는 어떠한가요? 단가 몇천 엔부터 시작하는 용돈벌이 같은 작업만 가득하다는 생각을 갖고 계시진 않나요? 하지만 작은 일을 계속하다 보면 점점 신뢰를 쌓게 되어 큰일을 맡을 수 있게 됩니다.

고객 유치부터 동영상 제작, 고객 관리부터 판매에 이르기까지, 전반적으로 맡아 처리하는 전략 참모와 같은 위치에 설 수 있게 되는 것이지요. 저는 이런 위치를 '프로듀서'라고 부르고 있습니다.

'프로듀서가 되는 것은 진입 장벽이 높다'라고 생각할지도 모르겠습니다. 하지만 중요한 것은 상대방의 비즈니스를 성공시키고 싶다는 마음으로 계속해서 아이디어를 제안해나가는 것입니다. 즉, 단계별로 서포터에서 프로듀서로 성장해나간다고 생각하면 됩니다.

우리는 자기 자신을 어필하려고 하면 쉽게 사고가 정지되기 마련입니다. 하지만 다른 사람의 비즈니스라고 생각하면, '이것을 하는 편이 좋지 않을까?', '저것도 하는 것이 좋겠지?' 등 의외로 아이디어가 쉽게 떠오릅니다.

그런 아이디어를 실천하다 보면 확실하게 신뢰를 얻게 되어 소소한 창업이 진정한 창업으로 자연스럽게 변화하게 됩니다. '천 리 길도 한 걸음부터'라는 말이 있듯이, 우리도 착실하게 성장해나가도록 합시다!

보수도 마찬가지입니다. 처음에는 '시급 1,000엔', '건당 1,000엔'과 같은 수준에서 시작하지만, 최종적으로 프로듀서가 되면 성공 보수로 큰돈을 받을 수 있게 됩니다.

글쓰기에 관해서 저의 경험을 예로 들어보겠습니다. 저는 처음에 1자당 1엔으로 블로그 기사를 썼습니다. 하지만 경험이 점차 쌓이면서 페이지당 몇만 엔 단위로 보수를 받을 수 있게 되었어요. 패키지로 프로듀스를 맡을 때에는 매출 일부를 성공 보수로 받고 있습니다.

당연히 매출에 직결되는 일을 하면 할수록 자신의 수입에도 반영

됩니다. 그리고 성과를 내게 되면 다른 회사나 창업가들로부터 끊임없이 연락을 받게 될 것입니다. 시급 기준에서 벗어나 성공 보수 기준으로 일하게 된다면, 그때는 소소한 창업의 수준을 넘어서게 됩니다. 이제 당당하게 창업가라고 칭해도 될 거예요. 또한 독립이나 법인화도 더 이상 꿈이 아니게 됩니다.

이처럼 독자 여러분들도 작은 일부터 시작해서 꼭 단계별로 성장(스텝 업)을 목표로 삼기를 바랍니다. 소소한 창업을 진정한 창업으로 성장시키길 기원합니다.

정리

- 소소한 업무 경험을 쌓다 보면 프로듀서가 될 수 있다.
- 다른 사람을 위한 아이디어를 일에 결부시켜보자.
- 성공 보수로 일하는 방식을 실현하자.

'특기'가 없어도 금세 경제적으로 자립할 수 있다

오와키 시게요시

(大脇 茂佐, 남성, 30대, 프로듀서)

저는 이전에 인재 파견 회사에서 사무직으로 일했습니다. 회사 자체는 안정적이었지만, 창업에 흥미가 있어 여러 정보를 모으고 있었습니다.

다른 창업 학원도 다녀봤지만 제가 가진 것은 평범한 직장인 경험뿐, 좀처럼 비즈니스가 될 만한 소재를 찾지 못하고 있었습니다. 그러던 중 다나카 씨의 강좌를 알게 되어 참석해보았습니다.

다나카 씨로부터 '오리지널 콘텐츠가 없어도, 특별한 능력이 없어도 소소한 창업이라는 형태로 일할 수 있다. 다른 사람을 서포트하는 것도 일이 된다'라는 이야기를 들었습니다.

원래 다른 사람을 서포트하는 일을 싫어하지 않는 편이었고, 직장인 시절 쌓은 경험을 살릴 수 있을 것 같아 '좋아, 도전해보자!'라고 생각했습니다.

원래 저는 영업 업무를 했었는데, 창업을 위한 시간을 갖고 싶어 사무직으로 전직했습니다. 사무 업무는 정시에 끝나는 이미지가 있었지만, 회사가 성장기에 있었던 터라 결국 매일 야근이 반복되었습니다. 다나카 씨의 강좌에 참여한 후에는 회사 업무를 효율적으로 진행해 의식적으로 시간을 만들려고 했습니다. 해야 할 일을 찾은 덕분에 의식을 변화시킬 수 있었다고 생각합니다.

처음에는 평일에는 2시간, 주말에는 거의 종일, 소소한 창업에 시간을 할애했습니다. 2~3명 팀을 구성해서 창업가를 프로듀스하는 일이었는데, 저는 랜딩 페이지 제작, 뉴스레터 발송, 설명회 장소 확보 등을 담당했습니다.

실제로 시작해 보니 여러 가지를 자신의 손으로 진행해가는 과정이 무척이나 재미있었고, 충실한 시간을 보낼 수 있었습니다. 콘텐츠 보유자분들이 경험이 부족한 저와 함께해주시는 것도 기뻤고 따뜻하게 격려해주셔서 '더 열심히 해서 성과를 내자'라고 긍정적인 마음가짐으로 임할 수 있었습니다.

이전에는 무엇이든 완벽하게 준비하지 않으면 시작할 엄두도 내지 못했습니다. 그랬던 제가 일단 어느 정도 형태가 잡히면 시작하고, 이후에는 그때그때 수정하면서 만들어가면 된다고 생각하게 되었습니다. 예를 들어, 예상치 못한 상황이 발생하더라도 '다음번에는 이렇게 해보자'라는 식으로 긍정적으로 대처하는 힘이 생겼습니다.

1년 동안 소소한 창업을 해보면서 자신감도 생겼고, 여러 제안도 받게 되어서 '더 재미있고 즐겁게 일하는 데 시간을 쓰고 싶다'라는 마음에 2019년에 과감하게 퇴직했습니다. 지인과 함께 창업해 지금은 다나카 씨에게 배운 마케팅을 실천하는 프로듀서로 일하고 있습니다.

'소소한 창업'의 가장 큰 장점은 특별한 능력이 없어도 할 수 있다는 점입니다. 일반적으로 '창업'이라고 하면, 고군분투하는 이미지를 떠올리는데, 소소한 창업은 모두가 협력하고 정보를 공유하면서 성과를 낸다는 점도 매력적입니다.

물론 처음부터 모든 것이 잘 풀린다고 단정할 수는 없지만, 모든 것은 테스트입니다. 경험을 통해 무엇이 부족한지 알게 되고 기술도 몸에 익힐 수 있습니다. 직장인 시절에 쌓은 능력도 반드시 도움이 되므로 일단 무엇이든 해보는 것이 중요합니다.

'무언가를 하고 싶어도, 자기 자신에 대한 자신감이 없고 어떻게 해야 할지 모르겠다'라고 고민하는 사람들이 이러한 '일하는 방식'도 있다는 것을 꼭 알았으면 합니다.

정리

- 직장인들도 쉽게 시작할 수 있다는 것을 실감했다.
- 시작한 지 얼마 안 되었어도 따뜻한 시선으로 봐주었다.
- 처음부터 잘하지 못해도 괜찮다.

제 **3** 장

당신의
'자산 가치'를 찾아주는
비즈니스 파트너와
만나는 방법

현재 회사에 다니고 있어도,

퇴직했어도

'의뢰가 끊이지 않는 사람'이 되는 힌트

창업가, 유명인 등의 블로그, 메일 매거진, 리스트에 등록하기

온라인 연결이 평생 수입을 폭발적으로 증가시킨다

제2장에서는 함께 일하는 파트너에 대한 소소한 '서포트'를 통해 비로소 '소소한 창업'이 성립된다는 점에 관해 이야기했습니다. 중요한 것은 기술이나 실적보다는 '얼마나 쉽게 상담할 수 있는지', '고객의 가려운 곳을 '척' 하고 알아서 긁어줄 수 있는지'입니다.

소소한 창업의 경우, 발 빠른 사람이 쉽게 의뢰를 받을 수 있습니다.

하지만 이렇게 말하면 다음과 같이 생각하는 사람들이 있을지도 모르겠네요.

<서포트하고 싶은 사람을 팔로우해서 구인 정보 GET>

"다른 사람을 서포트하면 일이 된다는 건 알겠는데, 어떻게 하면 서포트할 상대를 만날 수 있을까요?"

"그렇게 쉽게 창업가나 세미나 강사 같은 대단한 사람과 연결될 수 있다면 고생하지 않겠죠."

그래서 이번 장에서는 어떻게 하면 우리의 미래 파트너와 만날 수 있을지 그 구체적인 방법을 소개하고자 합니다.

오늘날 우리는 인터넷을 통해 다른 사람들과 쉽게 연결될 수 있습니다. 온라인 커뮤니티를 통해 공통의 취미를 가진 사람들이 친해지는 것도 당연한 시대가 되었지요.

제가 주최하는 커뮤니티에도 지방에 거주하는 분들이 일정 비율로 참가하고 있습니다. 그중에는 호주, 독일, 미국 등 해외에 거주하는 분들도 계시고요. 앞서 언급한 온라인 회의 도구인 줌(Zoom)을 사용하면 언제든지 누구와도 가볍게 커뮤니케이션할 수 있습니다. 지방이라서 교류하기 힘들거나 일하기 어렵다는 상황은 줄어들고 있는 것이지요.

실제로 소소한 창업에서는 의뢰인과 대면하지 않은 채 일을 진행하는 경우가 상당히 많습니다. 팀을 구성해 하나의 프로젝트를 진행하는 경우도 많지만, 온라인으로 커뮤니케이션하고 정보를 공유함으로써 대부분의 업무가 이뤄지고 있습니다.

온라인 커뮤니티에 참여하는 것만으로도 다른 사람들과 함께 일할 수 있는 기회를 얻을 수 있습니다. '밀접한 인간관계를 맺지 않으면 의뢰를 받을 수 없다'라는 선입견은 버리십시오. '작게 연결해서 크게 키운다', 즉 소소한 일이기 때문에 오히려 적극적으로 의뢰를 받을 수 있는 것이 장점입니다. 그리고 점점 더 많은 연결고리를 만들어나가면 됩니다.

그렇다면 첫 연결고리는 어떻게 만들 수 있을까요? 이를 위한 방법으로 소개하고 싶은 것이 있습니다. 바로 서포트하고 싶은 사람의 블로그나 매일 매거진 등을 구독 설정하거나 트위터나 페이스북 등의 SNS 계정을 팔로우하는 것이지요.

'구독 설정은 다들 하는 것이 아닌가?'라고 생각할지도 모르겠습니다. 하지만 의외로 블로그나 메일 매거진 등을 통해 인재를 모집하는 경우가 많습니다. 의식적으로 사람들의 댓글이나 피드 등을 보고 있으면 여러 연결 기회를 발견할 수 있습니다.

예를 들어, 앞에서 소개한 세미나를 대리로 수강하고 요약 보고서를 작성하는 '세미나 리서치' 일도 그중 하나라고 할 수 있습니다. 페이스북 등 SNS를 주의 깊게 보고 있으면 '세미나 참가비를 냈는데, 대신 수강하고 요약 보고서를 작성해줄 사람 없을까요?'라는 의뢰를 볼 수 있습니다.

또 다른 예로, '행사 자원봉사자 모집' 등도 자주 찾아볼 수 있습니다. 자원봉사이기 때문에 직접적인 수입으로 연결되지는 않지요. 하지만 자원봉사 참여를 계기로 서포트하고 싶은 사람과 안면을 틀 수 있습니다.

자원봉사자로서 무언가 '반짝반짝 빛나는' 좋은 모습을 보였다면 지속해서 연락을 받을 수 있을 것이고, 이때부터는 서포트를 제안할 수 있는 기회도 생겨날 것입니다. 여기에서 소소한 창업으로 연결될 가능성은 충분히 있습니다.

평상시 좋은 정보를 제공해주는 사람과 함께 일한다는 것은 매우 즐거운 일일 것입니다. 무엇보다 우리 자신도 성장할 수 있습니다. 사실 중요한 것은 '무엇을 하는지보다 누구와 함께 일하는지'입니다.

당신보다 앞서 나가고 있는 '자신만의 주관을 갖고 선택할 수 있는 미래를 향해 나아가는 사람'과 조금이라도 더 많은 관계를 맺어 보길 바랍니다. 그러면 현재 다니고 있는 회사 외에도 재미있고 보람찬 일을 한 가지 더 발견할 수 있을 것입니다. 거기에 금전적인 보상도 받을 수 있어 금상첨화라 할 수 있습니다.

정리

- 온라인 회의 도구를 사용하면 어디서든 일할 수 있다.
- 온라인 커뮤니티에 참여하면 일할 기회를 얻을 수 있다.
- 무엇을 하는지보다 누구와 일하는지가 중요하다.

'좋은 일'일수록 블로그나 메일 매거진을 통해 채용 모집을 한다

블로그나 메일 매거진 등을 통해 함께 일할 멤버를 모집하는 경우가 자주 있습니다. 풀타임으로 일하는 정직원도 모집하는가 하면, '처음에는 시급제로 시작', '저녁때 몇 시간만', '토요일만 출근', '특정 근무처 업무' 등 직장인들도 할 수 있는 모집 공고도 눈에 띕니다.

현재 마케터 업계에서는 X(구 트위터)를 활용한 인재 채용 활동이 뜨겁다고 합니다. 젊고 유능한 인재를 쉽게 구할 수 있기 때문이지요.

이러한 SNS를 활용한 채용 방법은 리크루트와 같은 취업·이직 사이트를 통한 전통적인 채용보다 압도적으로 비용이 적게 듭니다. 지원자들 또한 '그 회사나 경영자, 상품에 관심이 있는 사람들'이 대부분이고요. 사업 내용에 대한 높은 이해도는 물론, 의욕이 충만한 우수한 인재를 채용하기 쉽다는 장점도 있습니다.

실제로 저도 자사의 메일 매거진을 통해 비즈니스 파트너를 만날 수 있었습니다. 제 메일 매거진을 구독하는 사람들은 당연히 제가 동영상을 활용한 마케팅을 하고 있다는 것을 잘 알고 있습니다. 업무 내용뿐만 아니라 사고방식까지도 이해하고 있지요. 따라서 일을 의뢰하는 측에서도 그 사람이 어떻게 업무를 진행할지 상상할 수 있기에 나중에 '이럴 줄 몰랐다'라며 서로 간에 갈등이 발생할 확률도 낮습니다.

평상시 메일 매거진을 애독하던, 존경하는 사람과 함께 일할 기회가 있을지도 모르니, 좋아하는 책의 저자나 유명인의 메일 매거진이나 SNS는 반드시 팔로우해두시길 바랍니다.

'메일 매거진에 답장하기', '좋아요'가 적은 게시물에 반응해줌으로써 좋은 인상을 남긴다

직접적으로 인재 모집을 하지 않는 경우에도 경영자나 유명인에게 접근하는 방법은 있습니다.

그중 한 가지는 바로 메일 매거진에 답장하는 방법입니다. '어! 메일 매거진에도 답장할 수 있나요?'라고 놀라는 사람이 있을지도 모르겠네요. 일반적으로 메일 매거진은 발신자가 구독자에게 보내는 일방적인 커뮤니케이션 도구라는 인식이 널리 퍼져 있기 때문입니다.

실제로 메일 매거진에 답장하는 형태로, 구독자에게서 감상이 돌아오는 경우는 드뭅니다. 저도 메일 매거진을 발행하고 있고, 또 여러 사람들의 메일 매거진에 관여한 경험이 있지만, 답장을 받은 경험은 그리 많지 않습니다.

반대로 말하면, 메일 매거진에 답장하게 되면 굉장히 눈에 띄게 된다는 것입니다. 메일 매거진은 문자 메시지나 라인처럼 순식간에 문장을 쓰고 쉽게 보낼 수 있는 것이 아니에요. 시간과 노력이 들어갑니다. 그렇기에 구독자가 열심히 쓴 감상을 받으면 발행인으로서 그렇게 기쁠 수가 없어요.

특히 발행인을 더 기쁘게 만드는 포인트는 단순한 감상이 아니라 '실제로 ○○를 해보았습니다. 그 결과, □□가 되었습니다'와 같은 실천 결과 보고입니다. 그러면 '정말로 ~를 해봐준 사람이 있구나!' 감동하게 되는 것이지요.

SNS와는 달리 메일 매거진에 답장하는 사람은 그리 많지 않습니다. 따라서 반응을 노린다면 메일 매거진이 딱입니다. 제가 소소한 창업을 시작했을 무렵에는 팔로우하고 있는 메일 매거진에 자주 답장했습니다.

예를 들어, 메일 매거진에 '○○를 꼭 해보세요'라고 적혀 있으면, '어제 바로 회사에서 시도해보았습니다. 그랬더니 이렇게 큰 변화가 있었습니다. 감사합니다'라는 취지의 장문의 글을 작성해 답장을 했습니다. 그리고 같은 메일 매거진에 여러 번 답장을 보냈기 때문인지 메일 매거진 발행인이 제 이름을 기억해주었습니다.

제가 메일 매거진 발행인의 세미나에 참석했을 때, "메일 매거진에 답장한 다나카입니다!"라고 인사했더니 "당신이 그 다나카 씨군요! 항상 답장해줘서 고마워요"라고 반색하며 단번에 친해지게 되는 경험을 여러 번 했습니다.

어떨 때는 한 번도 만난 적이 없는데도 불구하고 메일 매거진의 발행인이 제가 참가자를 모집하고 있던 캠페인을 알리는 데 도움을 준 적도 있습니다. 그로 인해 놀라운 성과가 발생해 더 많은 의뢰를 받을 수 있게 되는 계기가 되었지요.

그분은 그 이전부터 제가 답장한 감상문을 메일 매거진에 자주 소개했습니다. 그런 아웃풋이 반복되어 신뢰를 받을 수 있었던 것이었겠지요. 그런 가치 제공이 쌓이고 쌓여 정식으로 소개를 의뢰했는데, 수월하게 OK를 받을 수 있었습니다.

단순히 감상을 보내는 것이 아니라 상대방이 메일 매거진에서 다루고 싶어지는 문장을 보내는 것이 중요합니다. 그것이 바로 가치 제공이 되는 것이지요. 단순한 메일 매거진 답장이 비즈니스로 이어지다니, 재미있지 않나요?

자주 회사 계정으로 영업 메일을 보내오는 사람을 보고 있자면, '메일 매거진에 답장하는 편이 훨씬 효과가 있는데…' 하고 안타까운 마음이 듭니다.

물론 메일 매거진뿐만 아니라 신경이 쓰이는 사람, 응원하고 싶은 사람의 블로그나 X(구 트위터)에 올라온 피드에도 리액션을 남기는 것을 추천합니다. 리액션을 할 때는 메일 매거진 답장 때와 마찬가지로 '올라온 내용을 바탕으로 실제로 해봤더니 이렇게 되었습니다'라고 비포 앤 에프터(before&after)를 전달하는 것이 중요합니다.

'재미있었습니다', '좋아요'라는 댓글을 보내는 사람은 많지만, 실천 결과를 보고하는 사람은 드물기에 보고를 하는 것만으로 상대방의 인상에 남게 됩니다. 이처럼 보고를 계속하고 있지만 한 번도 만나지 못한 채 신뢰 관계가 형성된다는 재미있는 일이 일어나게 되는 것이지요.

X나 페이스북 게시물에 댓글을 다는 경우는 메일 매거진보다 경쟁 상대가 많아집니다. 여기서 제가 추천하는 것은 '일부러 댓글 수나 좋아요 수가 적은 게시물을 선택해 댓글을 다는 방법'입니다.

아무리 유명인이라도 매번 게시물에 '좋아요'나 댓글이 많이 달리는 것은 아니에요. 자세히 들여다보면 반응이 좋은 글이 있는가 하면, 공유가 적은 글도 있습니다.

그렇게 소박한 글로 타깃을 좁힌 다음, 그 글을 읽고 자신이 어떻게 생각했는지, 그리고 그것을 어떻게 받아들이고 실천했는지 댓글을 남기는 것이지요. 가능한 한 깊이 고찰해서 쓰는 것이 포인트입니다.

역시 단순한 감상보다는 자신의 변화를 보고하는 편이 더 효과적이에요. 왜냐하면 애초에 SNS나 블로그에서 영향력을 가지고 있는 사람들은 '내가 실제로 경험해서 효과 있었던 방법을 더 많은 사람들이 알았으면 좋겠다', '많은 사람들의 인생을 좋게 만들고 싶다'라고 생각하는 경우가 많기 때문이지요.

글을 올린 이는 반응이 약할 경우 '어, 좀 어렵게 썼나', '조금 포인트를 잘못 잡은 건가…' 하며 반성 모드에 들어가는 경우가 있습니다. 그럴 때 진지한 댓글이 달린 것을 보면 안심이 되고 당연히 댓글을 남긴 사람도 인상에 남게 되는 것이지요. 기억에 남을 수 있는 확률이 확 높아지게 되는 것입니다.

게시물을 자신의 타임라인에 공유하는 것도 좋은 방법입니다. 누구라도 자신이 쓴 글이 공유되면 기쁠 것이기 때문입니다. 특히 '자신만의 코멘트'를 곁들여 진심으로 공유해준 사람은 인상 깊게 남습니다.

이처럼 평소에 자신이 관심을 가지고 있는 사람의 게시물을 공유하다 보면 기회는 많아지게 됩니다.

클라우드 소싱 서비스 활용하기

'비대면' 업무가 90%

다른 사람과의 연결보다는 효율적인 수주나 기술 향상에 중점을 둔다면, 클라우드 소싱 서비스에 등록하는 것도 하나의 방법입니다.

클라우드 소싱 서비스란, '일을 의뢰하고 싶은 사람'과 '일을 하고 싶은 사람'을 온라인상에서 매칭해 일을 수주 및 발주하기 위한 시스템입니다. 원래 기업이 일부 업무를 외부 전문 업체에 위탁하는 '아웃소싱'은 일반적으로 이루어져 왔습니다. 이른바 '외주'라고 하지요.

클라우드 소싱의 경우는 의뢰자 측이 업체에 직접 발주하는 것이

〈클라우드 소싱 서비스 활용하기〉

아닙니다. 온라인으로 불특정 다수의 사람들에게 위탁을 요청하는 것이지요. 의뢰하는 방법에는 예산이나 납품 기한 등을 제시하고 조건을 승낙해줄 응모자를 널리 모집하는 형식과 어떤 업무인지만을 제시한 후 여러 제안을 받고 그중에 마음에 드는 것을 선택하는 공모 형식 등이 있습니다.

현재 일본에는 클라우드 소싱 서비스를 제공하는 회사가 많이 등장했는데, 대표적인 것으로는 클라우드웍스, 랜서스, 잡허브, 코코나라 등이 있습니다. 이러한 서비스에서는 수백 엔부터 1,000엔, 5,000엔, 1만 엔 수준의 다양한 업무들이 매일 무수히 수주 및 발주되고 있습니다.

저도 동영상에 자막을 넣는 작업이나 이미지 및 로고 제작 같은 일은 클라우드 소싱 서비스를 통해 의뢰하는 경우가 많습니다. 여담인데, 이 책의 기획서를 출판사에 제안할 때도 표지 디자인은 클라우드 소싱 서비스로 발주했어요.

일단 의뢰를 맡은 사람이 깔끔하게 일을 잘 해내면 역시 지속해서 의뢰하고 싶은 마음이 들게 마련이지요. 실제로 클라우드 소싱 서비스를 통해 안정적인 수입을 얻는 사람들을 보면 확실히 재의뢰를 받는 비율이 높은 경우가 많습니다.

'소소한 창업에 관심이 있지만 어떻게 시작해야 할지 모르겠다', '레벨1 단계로, 관심 있는 사람의 뉴스레터를 구독했는데 좀처럼 일로 연결되지 않는다'라는 사람은 일단 클라우드 소싱 서비스에 등록해보는 것은 어떨까요? 등록했다고 해서 무조건 일해야 하는 것은 아닙니다. 관심 있는 프로젝트를 찾아서 지원해보면 됩니다. '모든 것은 테스트'니까 말이지요.

클라우드 소싱 서비스는 모르는 사람끼리 일을 하는 시스템입니다. 당연히 의뢰하는 측도, 의뢰받는 측도 서로 불안하기 마련이지요. 그래서 그런 불안감을 해소하거나 줄이기 위한 여러 가지 장치가 마련되어 있습니다.

그 첫 번째가 바로 '본인 인증' 시스템입니다. 서비스에 등록할 때 닉네임이나 상호명 등으로 가입할 수 있지만, 운전면허증이나 보험증 등 공식적인 증명서를 제출하면 서비스 운영 회사가 본인 인증을 해줍니다. 이 과정을 거치면 프로필 란에 '본인 인증 완료'라고 표시가 되어 의뢰하는 사람의 불안감을 줄여주고 있습니다.

또 다른 시스템은 의뢰하는 사람과 의뢰받는 사람이 서로를 평가하는 것입니다. 마치 음식점 리뷰 사이트에서 가게 측과 손님이 서로를 평가하는 것과 비슷한 이미지입니다. 이 평가를 바탕으로 어느 정도 '신뢰할 수 있는지'를 판단할 수 있을 것입니다.

불안을 줄이는 측면과도 관련이 있지만, 서비스에 등록한 후에 일을 더 쉽게 받기 위한 몇 가지 방법도 있습니다.

일단 프로필 란을 충실하게 작성하는 것입니다. 예를 들어, 페이스북에서도 제대로 된 사진과 상세한 프로필을 게시한 사람의 글에는 어느 정도 신뢰감이 듭니다. 그 반대도 마찬가지예요. 다른 사람들이 얼굴을 공개하지 않는 상황에서 얼굴을 공개하면 확실히 유리한 측면이 있습니다.

일반적으로 프로필 란에는 과거의 실적, 자격 및 기술, 특기 분야, 관심 있는 사항을 어필합니다. 물론 이런 것들도 중요하지만, 그 사람의 일에 대한 태도나 생각을 엿볼 수 있는 경우는 거의 없습니다.

그래서 '자신의 생각'에 초점을 맞춰 작성하는 것도 괜찮을 것 같습니다. 적어도 저는 '이런 사람들을 돕고 싶다'라는 비전이 명확한 사람과 일하고 싶기 때문입니다.

또한 얼굴을 보지 않고 의뢰를 주고받기 때문에 작은 이메일 문구에서도 그 사람의 성격을 느낄 수 있습니다. 세심한 제안이나 진행 상황 보고 방식, 센스있는 단어 선택을 보이면 '이 사람, 일 잘하네'라는 인상을 줄 수 있습니다. 부디 이러한 부분에도 신경을 쓰시기 바랍니다.

작게 시작해서 '단가'를 최대치로 올리는 비법

클라우드 소싱 서비스를 통해 받은 일은 의뢰인과 정한 기한 내에 완료한다는 약속만 지키면 언제 어디서 하든 상관없습니다. 시간을 쉽게 조정할 수 있다는 점에서 '소소한 창업'으로써 시작하기에 쉬운 방법이라고 할 수 있지요. 반면, 자주 언급되는 단점으로는 '단가가 낮아지는 경향이 있다', '많은 일을 해야지만 돈을 벌 수 있다' 등이 있습니다.

이러한 단점은 분명 부정할 수 없는 사실입니다. 클라우드 소싱 서비스의 경우 사람의 인성보다는 단가가 우선시되는 경향이 있습니다. '수지타산에 맞지 않는다'라고 느끼는 경우도 많고요. 어떤 일이든 처음에는 전문성이 낮은 일부터 시작하게 되므로 그렇게 생각하는 것도 당연합니다. 하지만 그런 일을 여러 번 경험하다 보면 함께 일하는 상대방으로부터의 평가도 조금씩 '저축'됩니다.

그리고 평가가 높아짐에 따라 점차 우리의 능력과 업무의 질도 향상되게 됩니다. 그러면 결과적으로 보수가 좋은 일에 도달할 수 있게 될 것입니다.

처음부터 유리한 보수를 받으며 일하기를 바라는 것도 다소 욕심이 지나친 것 아닐까요? '낮은 보수로 만족하라'는 뜻은 아니지만 일단 처음에는 무엇이든 경험이 중요합니다.

저도 처음에는 무료로 동영상이나 홈페이지를 제작해드리고, 어느 정도 신뢰 관계를 구축한 다음, 유료 상품 구매를 권하는 방식으로 일을 진행해왔습니다. 그렇기 때문에 시험 삼아 낮은 보수를 받고 일을 하는 경험을 해보는 것도 의미가 있습니다.

신뢰 관계가 쌓이면 보수 인상을 협상할 수도 있어요. 또한, 클라우드 소싱 서비스의 경우 직접 거래는 금지되어 있지만(위반 시 벌칙 있음), 규칙을 지키는 선에서 직접 만남 자체가 금지되어 있지는 않습니다. 개인적인 연결이 어떤 기회로 이어질 가능성도 있습니다.

물론 '결국 이 일은 수지타산에 맞지 않았어'라는 상황이 발생할 수도 있겠지요. 하지만 그러한 경우도 다음 단계로 나아갈 수 있는 경험이 됩니다. 우리는 성장을 우선으로 생각해야 합니다.

이러한 점을 바탕으로 내린 결론을 말씀드리자면, 클라우드 소싱 서비스는 경험이나 기술을 얻는다는 면에 있어서 어느 정도 가치가 있습니다. 따라서 도전해보는 것도 좋습니다. 다만, 사람과 사람 간의 연결고리를 중시하는 소소한 창업과는 상충하는 부분이 있는 것도 사실입니다.

따라서 일정 기간을 정해놓고 경험을 쌓은 다음, 그다음 단계로 나아가보면 어떨까요? 단순히 외주 작업만을 맡기기보다는 팀의 일원으로서 시행착오를 겪으며 일하는 것이 더 재미있고 보람찰 것입니다.

궁극적으로는 업무 의뢰자와 직접적인 커뮤니케이션을 취하고 인성과 사고방식으로 선택받는 방식을 목표로 삼기를 바랍니다.

정리

- 세상에는 소소한 창업으로 이어지는 서비스가 다수 존재한다.
- 프로필을 상세하게 꾸미는 등 의뢰를 쉽게 받기 위한 노력을 해야 한다.
- 보수가 낮더라도 본업 외의 수입을 얻는 경험은 가치가 있다.

'재택업무 중개 서비스'에
등록하기

'주말에만', '야간에만' 등
본인의 일정에 맞추어 자유롭게 일할 수 있다

　재택업무 중개 서비스에 등록해서 회사나 창업가와 직접 계약을 목표로 하는 방법도 있습니다. 이 방법은 고용에 가까운 방식으로, 레벨2의 클라우드 소싱 서비스와 뒤에서 이야기할 레벨4의 중간 단계에 해당합니다. 고용에 가까운 업무 위탁 계약이라면, 다른 회사에서 정규직으로 일하고 있어도 문제없이 계약할 수 있습니다.

　장래의 커리어를 고려한다면 재택업무 어시스턴트로 근무하는 방식을 하나의 옵션으로 생각해보시길 바랍니다. 온라인으로 가치를 제공하는 방식이기 때문에 소소한 창업을 경험한다는 의미에

〈재택업무 중개 서비스에 등록하기〉

서 쉽게 시작해볼 수 있는 방법이지요.

　일하는 방식도 유연해서 '주말에만', '야간에만' 등 제한된 시간에 일할 수 있습니다. 직장인이라고 해서 등록할 수 없는 것은 아니며, 부업이 가능한 회사에 다니는 사람은 이러한 서비스를 통해 조금씩 일을 시작해보는 것도 좋습니다. 일부 사람들은 여러 회사와 계약해서 열심히 일하고 있어요.

　재택업무 어시스턴트라는 일은 '○○와 ○○, ○○ 업무'와 같이 명확하게 내용이 정해져 있는 것은 아닙니다. 완전 재택근무를 하는 회사도 있고, 출근 빈도가 높지는 않지만, 출근이 필요한 회사도 있지요. 요컨대 경영자나 창업가를 서포트하는 일이라면 무엇이든 가능합니다.

재택업무를 소개하는 대표적인 서비스 중 하나는 '주식회사 재택 비서 연구소'에서 제공하는 '재택 비서 서비스'입니다. 원래 출산이나 육아, 간병 등의 이유로 풀타임으로 일하기 어려운 여성을 대상으로 재택 근무 기회를 창출하기 위해 시작된 서비스지요.

등록하면 재택 비서를 찾고 있는 회사나 창업가의 구인 정보를 얻을 수 있을 뿐만 아니라 취업 활동 지원도 받을 수 있습니다. 저도 이 서비스를 통해 자사의 재택 비서를 몇 명 채용했으며 동료 창업가들도 많이 이용하고 있습니다.

'주부 JOB 파트'도 비슷한 구인 포털 사이트입니다. '지역', '노선/역', '직종', '세부 조건' 검색 등을 통해 자신에게 맞는 구인 공고를 찾을 수 있어요. '주부(남편) 환영'이라는 문구가 있으며, 성별에 상관없이 유연한 근무 방식을 원하는 사람들이 등록하고 있습니다.

최근에는 일반 이직 사이트에서도 재택업무에 대한 수요가 증가하고 있습니다. 따라서 직장 이외의 업무 경험을 늘려서 시장 가치를 최대화할 수 있는 경력을 쌓아나가도록 합시다.

돈보다는 선택할 수 있는 커리어를 고르자

재택업무 지원자의 경향을 보면 크게 두 가지 유형으로 나눌 수 있습니다.

첫 번째는 지시된 일을 묵묵히 해내는 유형입니다. 파트타이머로서 시급만큼 정확히 일하고, 그에 따른 보수를 받으면 만족하는 사람들을 말하지요. 그리고 또 하나는 성장 가능성이 있는 유형입니다. '이런 일도 할 수 있습니다'라고 적극적으로 제안하고 스스로 업무의 폭을 확장해나가는 사람들입니다.

소소한 창업에 도전하려고 한다면 반드시 후자의 방식으로 일하는 것을 목표로 삼으세요. 그리고 돈을 버는 것에 초점을 맞춰 일을 선택하지 말기를 바랍니다. 장래의 확장성, 그리고 자신의 성장으로 연결되는 업무가 선택해서 일할 수 있는 미래와 경력으로 이어지기 때문입니다.

제가 창업한 지 2년째에 처음으로 재택업무 어시스턴트로 채용한 노가와 토모미(野川 友実) 씨도 바로 그런 유형이었습니다. 처음에는 일반적인 재택업무 어시스턴트로 사무 일을 맡기기 위해 채용했습니다. 아마 본인도 '틈새 시간을 활용해 돈을 벌었으면 좋겠다' 정도로만 생각했을 테지요.

그런데 감사하게도 회사가 점점 바빠지게 되었고, 그러다 보니 제 손이 미치지 않는 일이 생겨났습니다. 그래서 그녀에게 '웹페이지 한 번 만들어보실래요?'라고 제안해보았어요. 그러자 그녀는 기대 이상으로 뛰어난 능력을 발휘했고, 이후에도 비슷한 일을 계속 맡기게 되었지요.

언젠가는 그녀에게 광고 관련 연수를 받게 한 적도 있습니다. 지식을 쌓으면 더 다양한 일을 맡길 수 있으리라 생각했기 때문이지요.
"이런 것도 할 수 있나요?"
"해보고 싶어요!"

그렇게 일을 주고받는 사이에 어느새 그녀는 마케팅 업무의 대부분을 마스터하게 되었습니다. 결국 그녀는 자신의 힘으로 업무 의뢰를 받을 수 있을 만큼 성장했고, 독립해서 광고 대행사를 창업하게 되었습니다. 처음에는 시급 1,000엔으로 시작했던 직원이 독립한 첫해에 매출 3,000만 엔을 달성할 정도로 성장한 것이에요. 그녀와는 지금도 비즈니스 파트너로서 함께 일하고 있습니다.

재택업무 어시스턴트라는 방식에서도 행동 하나로 가능성은 넓어집니다. 노가와 씨처럼 적극적이고 성장 가능성이 있는 사람은 보수도 올라가고 업무 영역도 넓어지며 독립할 기회도 얻게 됩니다.

경영자의 관점에서 보면 정직원이나 파트타임 등 고용 형태와는 상관없이 일을 잘하는 사람에게는 점점 더 많은 일을 맡기고 싶어지기 마련입니다. 실제로 파트타임 직원을 이사로 임명하거나 후임자로서 회사를 맡기는 사례도 종종 엿볼 수 있어요.

활발하게 활동하고 있는 경영자나 창업가의 비서로서 업무를 돕는 경험은 비즈니스를 보는 눈을 길러주기도 합니다. 창업가들과 함께 일하다 보면 실제로 업무를 수행할 때 '실무 담당자로서의 관점'뿐만 아니라 창업가로서의 관점도 가지게 됩니다.

즉, 예산 설계나 장기적인 관점으로 그 일의 가치나 장래성 등을 고려해 일할 수 있게 되는 것이지요.

저는 이러한 능력이 개인으로서 장래의 무형 자산(신용 등)을 쌓아가는 데 매우 중요하다고 생각합니다. 따라서 업무를 위탁받아 일하는 사람들은 적극적인 자세로 임해볼 것을 추천합니다.

정리 🎎

- 직접 계약을 맺어 고용과 유사한 형태로 일할 수 있다.
- 제로에서 시작해 큰 수익을 올릴 수도 있다.
- 창업가의 일을 가까이에서 지켜보는 경험도 소중하다.

LEVEL **4**
행사, 세미나, 온라인 강좌에 참가하기

'좋아하는 일을 비즈니스로 만든다' →
'좋아하는 사람의 비즈니스를 응원한다'

창업가가 운영하는 행사나 세미나, 온라인 강좌에 참석해 직접적인 연결을 이끌어내는 방법입니다.

저도 세미나나 커뮤니티에서 알게 된 사람에게 "모니터링해드릴까요?"라고 제안해 실제로 일하게 된 경험이 여러 번 있습니다.

처음에는 무료로 홈페이지 제작 등을 도와주고 점차 프로모션을 제안해 성공 보수를 받게 된 이야기는 앞서 제1장에서 소개했습니다. 오히려, 자신이 상상도 하지 못했던 변화는 현실에서 직접 사람들과 만날 때 생겨납니다.

<행사, 세미나, 온라인 강좌에 참가하기>

처음 뵙겠습니다 ♪

한 세미나에 참석했을 때의 일입니다. 회장 내에서 강사님이 화이트보드에 글씨를 쓰면서 이야기하고 있을 때, 작은 문제가 발생했습니다. 어쩐 일인지 화이트보드에 놓여 있었던 것이 유성펜이었던 것입니다. 그래서 보드에 쓴 글자가 지워지지 않게 되어버렸습니다. 예상치 못한 일에 그 강사분도 당황했지요.

당시 우연히 출구 가까운 자리에 앉아 있었던 저는 곧바로 회장을 나가서 아세톤을 가지고 왔고, "이걸 사용해주세요"라며 강사님께 건네드렸습니다. 그렇게 보드에 쓴 글자를 간신히 지울 수 있었고, 사태는 무사히 해결되었습니다.

참석자 대부분이 돌아간 후 어쩌다 보니 그 자리에 남았던 저는 스태프는 아니었지만, 자발적으로 정리를 도왔습니다. 세미나 내용이 너무나 훌륭했기에 강사님과 꼭 한마디 나누고 싶다는 단순한 생각에서였어요.

그러자 그런 제 모습을 보고 강사님이 말을 걸어주셨습니다.
"아, 아까는 정말 고마웠네. 도움이 됐어. 그런데, 자네는 무슨 일을 하는 사람인가?"

저는 혼자 창업해서 홈페이지 제작 등을 하고 있다는 것을 말씀드렸습니다. 만약 이것이 만화였다면 그 자리에서 '그럼, 자네가 내 홈페이지를 제작해주겠나'라는 식으로 전개가 되겠지요? 하지만 현실은 그리 호락호락하지는 않았습니다. 다만 강사님은 저를 기억해주셨고, 이후에 행사에서 만나면 인사를 건네주셨습니다.

자산 가치는 눈앞의 '이익'보다 저 멀리 '신용'에 있다

강사님을 만날 때마다 자주 이야기를 나눌 기회가 있었고, 저는 마음을 먹고 제안해보았습니다.
"선생님의 홈페이지를 만들고 싶은데, 어떠신가요?"
그러자 "좋네"라고 시원하게 승낙하셨습니다. 그때 일을 맡겨주신 강사님이 바로 훗날 출판을 해 10만 부가 넘게 팔린《창업 1년 차 교과서》시리즈의 저자 이마이 다카시(今井 孝) 선생님이었습니다. 저는 작은 행사를 계기로 매우 유명한 선생님에게 의뢰를 받을 수 있게 된 것입니다.

사실 그 무렵 저는 홈페이지 무료 모니터링 일 이외에는 의뢰를 받아본 적이 없었습니다. 비즈니스에 어려움을 겪던 도중 받은 첫 유료 의뢰였는데, 기쁨과 동시에 큰 실적을 얻게 되었습니다. 그리고 이는 자신감으로도 이어져 소소한 창업에 더 깊이 발을 들이게 되는 하나의 계기가 되었지요.

청구서 한 번 직접 발행해본 적이 없어서 고군분투 끝에 간신히 발행했는데, 너무 긴장한 나머지 청구 금액에 0을 하나 더 붙여 청구해버렸지 뭡니까. 하지만 선생님은 화내지 않고 웃으면서 슬쩍 놀리는 투로 알려주셨습니다. 그런 마음이 넓은 선생님의 일을 맡아 하게 된 것은 저에게 있어 정말 대단한 일이었습니다.

우리는 매일 페이스북이나 메일 매거진을 통해 행사나 세미나 정보를 받고 있습니다. 재미있을 것 같은 행사나 세미나에 대해서는 안테나를 곤두세우는 것이 상책입니다. 제 경우에는 흥미나 목표에 따라 컨설턴트를 목표로 하는 사람들의 커뮤니티나 세미나 강사가 되고 싶은 사람을 위한 세미나 등에 참가하고 있습니다.

'이 행사·세미나에 참가하면 의뢰를 받을 수 있다'거나 하는 법칙은 존재하지 않습니다. '의뢰를 받을 수 있을 것 같은지 아닌지'로 선택하는 것이 아니라, '이 사람에게 도움이 되고 싶다! 함께 성장하고 싶다!'라고 생각하는 자세가 중요합니다.

작업 하나를 할 때마다 한다, 안 한다를 호불호에 따라 결정하는 사람들이 있습니다. 그런데 결과적으로 이것은 오래가지 못하는 경우가 많아요. 좋아하는 것'만' 하는 가치관에 성장은 찾아볼 수 없기 때문입니다.

한편 '이 사람이 좋다', '응원하고 싶다'라는 자세로 임하면 쉽게 성과를 낼 수 있습니다. 좋아하는 상대를 기쁘게 해주고 싶다는 마음에 무엇을 해도 즐겁기 때문입니다. 자신의 서투른 부분도 '성장을 위한 것이니까'라고 의미를 부여할 수도 있습니다.

중요한 것은 '좋아하는 것을 비즈니스로 하기보다 좋아하는 사람의 비즈니스를 응원한다'라고 생각하는 것입니다. 제 강좌의 수강생을 봐도 성공하는 사람은 가치관이 맞는 사람을 서포트하고 있습니다. 좋아하는 사람을 서포트하는 사람은 장기적으로 계속해서 성공하는 경우가 많습니다.

물론 '이 사람이 좋다', '응원하고 싶다'라고 하는 마음으로 세미나나 행사에 참가한다고 해서 강사나 주최자를 서포트할 수 있는 기회는 그리 쉽게 찾아오지 않습니다.

하지만 그러한 세미나나 행사에는 가치관이나 목표가 비슷한 사람이 모이게 마련입니다. 또한, 그러한 참가자 중에도 창업가가 많이 있을 것입니다. 그런 사람들 중에서 응원하고 싶을 것 같은 사람을 발견해 서포트하는 방법도 있습니다.

다만 참가자를 돕는다고 해서 바로 서포트 관계가 생겨나는 것은 아닐 것입니다. 몇 번인가 얼굴을 마주하면서 신뢰를 얻어가는 방법이 가장 확실합니다. 세상에는 '담보성'이라는 원리가 있습니다. 우리가 해준 것은 시간 차가 있을 수는 있겠지만, 언젠가 돌아오게 마련입니다.

그러한 관점에서 볼 때 단발성 세미나보다는 연속적으로 개최되는 강좌 쪽이 연결 가능성이 더 클 테지요. 그중에서도 특히 가능성이 큰 것은 비즈니스 스쿨입니다.

이러한 전문 강좌에 참가하는 사람들은 배움에 '투자'하는, 성취욕과 열정이 있는 사람들입니다. 자신의 비즈니스를 보다 잘 진행하기 위한 선택지에 적극적으로 투자하는 창업가도 많기 때문에 소소한 창업 비즈니스가 이뤄지기 쉽습니다.

물론 의뢰로 이어지기 쉽다고 해서 그 목적 하나만 보고 비즈니스 스쿨을 선택하지는 않았으면 합니다. 어디까지나 자기 성장을 위해 참석하면 인연이 넓어질 가능성이 커진다는 것에 초점을 맞춰야 합니다.

그리고 비즈니스 스쿨에 참가하려면 일정 금액을 투자할 필요가 있습니다. 따라서 쉽게 추천하는 것은 아니니 부디 신중하게 판단해 주시길 바랍니다.

그런데 행사나 세미나에 참석할 때는 기본적인 매너가 있습니다. 먼저, 자신을 어필할 생각만 해서는 안 된다는 점입니다. 예를 들어 커뮤니티 내에서 자신의 상품 등을 홍보하는 사람이 있는데, 이런 것은 절대 권하지 않습니다.

누가 봐도 영리 목적이 눈에 보이는 언행을 하는 사람이 동료를 얻을 확률은 극히 드뭅니다. 중장기적으로 보자면 오히려 손해를 보게 될 것입니다. 강사나 혹은 커뮤니티에서 호감을 주는 사람이 되어야 합니다. 그러기 위해서는 압도적인 가치를 제공해야 하지요. 이것이 소소한 창업이 장기적으로 잘되는 비결입니다.

그렇다면 구체적으로 어떻게 관계를 구축하면 좋을까요? 의뢰로 이어지는 인간관계를 만드는 '좋은 커뮤니케이션'에 대해서는 다음

장에서 자세히 이야기하도록 하겠습니다.

'행사나 세미나에서 지식이나 정보를 받았으니까 답례로 주최자나 관계자들에게 조금이라도 도움이 되자!' 그런 '기브 마인드(give mind)'를 가진 사람은 좋은 동료가 생기기 쉬우며, 일할 기회도 많을 것입니다. 반대로 돈을 지불했으니 어떻게든 해달라는 식으로 남의 도움만 받으려는 사람은 상대방의 신뢰를 얻을 수 없습니다.

저도 강좌를 주최하면서 다른 사람에게 도움을 주는 참가자들에게 고마움을 느낍니다. 분위기를 띄우려고 건설적인 발언을 하거나 나서서 스터디 모임을 만드는 사람은 역시 눈에 띄게 되고 호감이 가게 마련이지요. 좋은 기회가 생겼을 때 가장 먼저 부탁하고 싶은 마음도 들고요. 따라서 큰 기회를 얻고 싶다면, 커뮤니티나 참가자들에게 계속해서 가치 제공을 하는 것이 중요합니다.

정리 👥

- 좋아하는 것을 비즈니스로 하기보다 좋아하는 사람을 응원한다.
- 현실에서 반복적으로 만나면 관계성이 깊어진다.
- 자신을 어필하기보다 계속해서 상대에게 가치를 제공한다.

'하고 싶은 것이 없는 것'은 성공과는 무관하다

아사다 테츠로

(朝田哲朗, 남성, 30대, 창업가)

저는 대학 졸업 후 전자 부품 회사에서 연구 개발에 종사했습니다. 대기업에 다니고 있어 수입 면에서는 불편함 없는 생활을 하고 있었지만, 막연하게 뭔가 새로운 것에 도전하고 싶었습니다.

왜냐하면 제가 이 회사에 계속 근무한다고 해도 부장까지가 한계였기 때문입니다. 유명 대학의 대학원을 나온 우수한 사람만 출세하는 회사 상황을 생각해볼 때, 대졸로 입사한 저의 미래는 뻔했습니다. 그렇다고는 해도 매달리면서까지 하고 싶은 일도 없으니 뭔가 다른 길을 찾아보자고 생각했습니다.

하지만 제 주변에 있는 '사장님'이라고는 연배 있는 어르신들뿐이었습니다. '남들과는 반대의 일을 하라'는 소리를 들어도 무엇을 해야 할지 감이 잡히지 않았습니다. 저 자신에게는 상품다운 상품이 없다는 점도 계속해서 고민이었습니다.

그러던 중 다나카 씨의 강좌를 수강하게 되었고, '이 사람을 도와드려보는 것은 어떤가요?'라고 한 창업가를 소개해주신 것을 계기로 소소한 창업을 시작하게 되었습니다.

처음 함께 일한 분은 70대 여성 창업가셨습니다. '자사 상품을 판매하고 싶은데 IT에 익숙하지 않고 방법을 모른다'라고 하셔서 서포트해드렸습니다.

저는 동영상 편집이나 메일 매거진 설정 대행 등의 작업을 했습니다. 보통 사람이라면 당연히 할 수 있을 줄 알았던 일이 누군가에게는 어려운 일이 될 수 있다는 사실을 처음으로 알게 되었습니다.

그렇게 서포트해드리고 돈을 받고 난 후에는 '아! 그렇구나. 남들보다 조금이라도 잘하는 것이 있으면 수입으로 연결되는구나'라는 사실을 깨닫게 되었습니다. 그 후 동영상 촬영·편집이나 메일 매거진 글 작성 등 기본적인 작업을 경험했고 얼마 지나지 않아 차례차

례 정식 의뢰를 받게 되었습니다. 결국 부업이라는 범위로는 감당할 수 없는 정도가 되어버렸습니다.

저는 '카리스마 서포터가 되겠다'라는 마음가짐으로 일을 하고 있습니다. 그래서 의뢰받은 일은 기본적으로 거절하지 않고, 아직도 입금 관리와 같은 잡다한 업무도 도맡아 처리하고 있습니다.

소소한 창업에서는 너무 단기적인 이익만을 추구하지 않는다는 것도 포인트 중 하나입니다. 저도 눈앞의 이익보다는 장기적인 관계성이나 이익을 의식하며 일하고 있습니다. 예를 들어, 처음에 동영상 편집 등 여러 가지 서포트해드리고서 받은 돈이 1만 엔이었습니다.

스스로 값어치를 매긴 경험도 없는데 우연히 제시된 금액이 1만 엔이었던 셈입니다. 평소라면 너무 저렴한 비용이겠지만, 창업 초기였던 저에게는 정말 좋은 공부가 되었습니다.

그 후, 다나카 씨 강좌의 게스트로 오셔서 만나게 된 한 베스트셀러 저자를 프로듀싱하게 되었습니다. 나중에 강좌 수강을 권유받아서 그분의 강좌도 수강하기로 했는데, 수강료를 듣고 그만 깜짝 놀라고 말았습니다! 100만 엔이었기 때문입니다. 당시에는 매출도 거의 발생하지 않았고 '과연 수강하는 의미가 있을까?' 하며 고민도 많이 했지만, 결국 큰마음을 먹고 수강하기로 했습니다.

하지만 거기서부터 관계성을 쌓아나갈 수 있었고, 결과적으로 메인으로 프로듀싱할 수 있을 정도가 되었습니다. 단기적으로는 마이너스라도 결과적으로 플러스로 만들 수 있으면 됩니다.

다나카 씨의 강좌를 수강한 직후에 회사를 퇴직했고, 지금은 독립한 지 4년째가 됩니다. 요즘에는 다양한 업종의 분들을 프로듀싱하고 있습니다. 정신을 차리고 보니 프로듀서 일을 하게 되었지만 지금도 '다른 사람이 어려워하는 것을 서포트한다'는 자세는 변하지 않습니다.

다나카 씨의 강좌를 통해 다양한 창업가 분과 만날 수 있었던 것도 큰 자산이 되었습니다. 직장인 시절에는 시키는 일을 하다 보면 일정한 생활을 할 수 있었지만, 창업가분들은 스스로 생각하고 행동하고 있습니다. 그 모습을 보며 저도 스스로 생각하고 움직이는 습관을 들이게 되어 다행이라고 생각합니다.

소소한 창업의 좋은 점은 새로운 아이디어나 자격증 등 흔히 '이것이 없으면 안 된다'라고 선입견을 가지고 있는 요소가 전혀 필요하지 않다는 점입니다. 어려움을 겪고 있는 사람을 찾아 어려운 부분을 도와주기만 해도 수익으로 이어집니다. 창업을 시작하는 데 진입 장벽이 굉장히 낮다고 할 수 있습니다.

어려움에 부닥친 사람을 찾으려면 적극적으로 외부로 나가는 것이 가장 좋습니다. 식사회든 세미나든 어쨌든 초대받으면 참가해보시길 바랍니다. 그러한 자리에서 질문받은 것에 성실하게 대답하면 사람들의 흥미를 끌 수 있고, '당신에게 부탁하고 싶다'라는 제안을 쉽게 받을 수 있을 것입니다.

정리

- 당연한 일을 하면 일이 된다.
- 단기적인 이익에 집착하지 않는다.
- 적극적으로 밖에 나가는 것이 가장 좋다.

제 4 장

비즈니스 파트너와
신뢰 관계를 구축해나가는
놀라운
커뮤니케이션

평생 연봉을 결정하는
'신용'을 저축하는 방법

'소소한 창업 비즈니스 = 만난 인원수 × 신뢰 관계의 깊이 × 제안 수'

제3장에서는 함께 성장하면서 감사의 보수도 받을 수 있는 미래의 비즈니스 파트너와 만나는 방법에 관해 이야기했습니다. 그렇다면 만난 상대에게 어떻게 접근해야 업무 의뢰로 이어질까요? 제4장에서는 그 구체적인 방법을 소개하려고 합니다.

자신이 응원하고 싶은 사람, 좋아하는 사람으로부터 직접 이야기를 들을 수 있고, 경우에 따라서는 본인과 대화를 나눌 수도 있는 행사나 세미나 참석은 그 자체만으로도 즐거울 것입니다. 그래서 '재미있는 이야기를 들었다!' '충실한 시간을 보냈다!'라고 그 자리에서 만족하는 것으로 끝나기에 십상이지요. 하지만 거기서 끝나는 것이 아니라 비즈니스로 이어지는 관계를 구축해야 한다는 것을 항상 염두에 두시기 바랍니다.

여기에서는 비즈니스로 이어지는 관계 구축 공식을 소개하고자 합니다. 이것을 머릿속에 새겨두면 어떻게 비즈니스로 연결해야 할지 모르겠다는 고민이 사라지고, 도대체 어디를 개선해야 할지 자신의 약점도 명확하게 알 수 있습니다. 아주 간단한 공식이니 꼭 기억해주세요.

소소한 창업 비즈니스 = 만난 인원수 ✕ 신뢰 관계의 깊이 ✕ 제안 횟수

비즈니스로 연결될지 어떨지는 이 세 가지 요소의 결합으로 결정됩니다. 공식에 따라 행동함으로써 계속해서 비즈니스로 연결되게 되는 것이지요. 비즈니스로 이어지지 않는 이유는 단 세 가지밖에 없습니다. 만난 사람의 수가 부족하든가, 신뢰 관계가 깊지 않다든가, 비즈니스 제안을 하지 못했든가, 이 중에 원인이 있기 마련이에요.

이 세 가지 중 어느 하나라도 부족하게 되면 소소한 창업을 함께 실천하는 파트너에게 업무를 의뢰받지 못하게 됩니다. 반대로 말하면 자신을 객관화할 수 있으면, 자신의 약점을 파악하고 개선해나감으로써 비즈니스로 연결될 수 있다는 것이지요.

일단 제3장에서 소개한 사고방식을 구사해서 '만나는 횟수'를 늘려봅시다. 실제 행사에 참여해 용기를 갖고 주변 사람들에게 적극적으로 말을 걸어보는 것이 중요합니다.

예를 들어, '이번 행사에서 어떤 것이 재미있었나요?' 등 참석한 행사와 관련된 질문을 기회 삼아 연결고리를 만든다면 대화를 나누기 쉬울 것입니다.

　'그것이 어려운 거예요!'라는 소리가 들려오는 것 같네요. 저도 적극적인 커뮤니케이션이 그다지 능숙하지 않기 때문에 그 기분을 잘 알고 있습니다. 행사에 참석할 때마다 무엇을 해야 할지 몰라 아무와도 대화를 나누지 못하고 겨드랑이는 땀에 흠뻑 젖은 채 좌불안석이 되어 행사 도중에 돌아간 적이 여러 번 있었습니다.

　그래도 괜찮습니다. 낯을 가려서 다른 사람에게 말을 걸기 어렵다면 '주변 사람들과 반드시 소통해야 하는 행사'에 참가해 봅시다. 그룹 세션이나 워크가 계획된 행사를 노리는 것이지요. 이런 행사라면 자연스럽게 대화할 계기를 얻을 수 있습니다. 저도 낯을 가리기 때문에 이런 워크숍이나 대화를 나눌 기회가 있는 행사를 일부로 찾아서 참가했습니다. 그러면 다음번으로 이어지는 만남의 횟수는 자연스럽게 늘어날 것입니다.

정리 👥

- 관계 구축 공식에 따라 행동하자.
- 공식을 통해 자신의 약점을 파악하고 개선해나가자.
- 반강제로 친해질 수 있는 행사에 참가하자.

'다시 만나고 싶은 사람'이 되는
소소한 비법

    만나는 횟수를 늘려도 명함만 교환했을 뿐인, 관계성이 얕은 사람이 증가하면 의미가 없겠지요. 우리는 먼저 신뢰 관계를 구축하고 상대의 요구를 파악한 다음, 제안으로 연결시킬 필요가 있습니다. 물론 '초면인 사람과 바로 의기투합'은 거의 불가능하지요. 따라서 여기서는 두 번, 세 번…, 계속해서 만나는 와중에 관계를 돈독히 해나가는 비법을 전수하고자 합니다.

    처음 만나는 사람과 커뮤니케이션하는 것을 정말 어려워했던 저이기에 갈고 닦은 기술이 있습니다.

    신뢰 관계는 다음의 두 가지 요소로 이루어져 있습니다.

신뢰 관계 = 접촉 빈도 × 정보 공유

기본적으로 사람은 여러 번 주고받으면 안심하기 마련입니다. 이를 가리켜 '자이언스 효과'라고 합니다. 역시 한 번보다는 단순히 접촉 횟수가 많은 편이 관계를 구축하기 쉬울 것입니다. 하지만 '본 적이 있는 것'만으로는 단순하게 얼굴만 아는 사이라고 할 수 있습니다. 이쪽이 누구인지도 모르고 '상대방이 어떤 생각을 가지고 있는지', '무엇을 중요시하는지', '지금 무엇을 필요로 하는지' 등 아무런 정보도 가지고 있지 않지요.

　특히 소소한 창업은 상대의 고민 해결을 응원하는 비즈니스이기 때문에 상대의 정보를 모르면 어떠한 제안도 할 수 없습니다. 상대방의 흥미를 끄는 제안을 하기 위해서는 상대와 주고받는 횟수를 높이면서 정보를 공유할 기회를 찾는 것이 중요합니다.

　신뢰 관계를 깊게 만드는 데는 '현실에서 접촉 횟수를 늘리는 방법'이 가장 강력합니다. 특히 실제 현장에 모인 인원수가 적으면 적을수록 더 깊은 대화를 나눌 수 있지요.

　'교류회 → 다과회 → 식사'라는 흐름으로 진행하면, 커뮤니케이션하는 인원수가 줄어들기 때문에 친밀도는 올라가게 마련입니다. 물론 섭외하는 난이도는 높아지겠지만 말이죠. 여기서도 '내 쪽에서 먼저 권유해야 한다니 너무 어려운데…'라고 생각할지도 모릅니다. 하지만 반대로 상대의 입장에서 생각해봅시다. "○○씨의 사고방식에 매우 감동했습니다! 꼭 한번 시간을 내주시겠습니까?"라고 열심히 권유했다면 어떨까요? 나쁘다는 생각은 들지 않을 것입니다. 의외로 다른 사람에게 초대를 받으면 기쁜 법이니까요.

직설적으로 '함께 식사하러 가실래요?'라고 권해보는 방법도 있습니다. 저는 저보다 윗사람에게도 페이스북 메신저로 메시지를 보내고 함께 식사하러 간 적이 몇 번이나 있습니다. 세미나나 행사 참석자뿐만 아니라 강사에게도 말이지요.

'왜 상대방의 이야기를 듣고 싶은지?' 이유를 분명하게 밝히면서 전달하면 열의는 전해지기 마련입니다. 사람은 '왜'라는 이유에 의해 움직이기 때문이지요. 단순하게 '만나고 싶습니다'라고만 하면 무시당할 가능성이 큽니다. 그런 의심스러운 메시지에 답장할 이유가 없으니까요.

하지만 만나고 싶은 이유를 제대로 전달하면 긍정적인 답장을 받을 가능성이 커집니다. 여러 명에게 보내는 것 같은, 복사해서 붙여넣은 듯한 문장으로는 사람을 움직일 수 없습니다. 당신은 실력으로 보나 실적으로 보나 상대방에 비해 떨어지기 때문에 단순하게 '배우고 싶습니다!'라는 겸손한 태도와 배우겠다는 자세로 메시지를 보내는 것이 중요합니다. 괜한 자존심을 부리며 동등한 입장에서 접근하는 것보다 훨씬 기분 좋게 상대방에게 전해질 것입니다.

말할 필요도 없겠지만, 직접 만나기 전에는 상대방을 철저히 조사하는 것도 중요합니다. 블로그나 X 등 SNS 게시글을 자세히 살펴보면서 상대방의 가치관이나 관심사를 파악해두시기를 바랍니다. 그러다 자신과 공통점을 발견하면 정말 행운이지요. 예를 들어, 같은 동아리 활동을 했다거나 고향이 가깝다거나 하는 부분입니다. 이러한 공통점이 있으면 상대방에게 친밀감을 느끼게 할 수 있어 그 후에는 정보 공유가 원활해집니다.

물론 직접 메시지를 보내면 거절당할 수도 있고, 아예 답장이 오지 않을 수도 있습니다. 그런 일은 당연히 일어날 수 있다고 미리 생각해두시길 바랍니다. 답장이 오지 않으면 기분이 좋지 않을 것 같다고 부정적으로 생각하면 인생은 나아지지 않으니까요. 만날 수 있을지의 여부는 상대방에게 달려 있습니다. 그 시점에 신뢰 관계를 얼마나 쌓았는지에 따라 결과는 달라질 것입니다. 요점은 상대방이 당신을 싫어하는 것이 아니라, 함께할 이유를 찾지 못했거나 타이밍이 맞지 않을 뿐이라는 것을 기억합시다.

실제로 만나지 않더라도 연락 빈도를 높이는 방법이 있습니다. SNS 등을 통해 댓글을 달거나 메시지를 보내는 것이지요. 앞에서 언급했듯이, 관심 있는 사람의 메일 매거진에 답장하는 것도 좋습니다. 상대방이 올린 게시물이나 정보에 '대단해요!' 같은 무난한 내용 대신, 더 깊이가 있도록 감동 포인트나 그 정보를 보고 자신이 실천해본 결과를 공유해보면 어떨까요? 틀림없이 좋은 관계로 이어질 것입니다.

복싱과 마찬가지로 처음부터 오른쪽 스트레이트를 날려봤자 명중시키기는 어렵습니다. 잽, 바디블로우, 여러 번 접근을 한 후에 오른쪽 스트레이트를 날려야 적중하는 것이지요. 따라서 응원하고 싶거나 관심이 있는 사람에게 반복적으로 접근해보시길 바랍니다.

정리

- 접촉 빈도를 높여 신뢰 관계를 구축하자.
- 식사 등에 초대할 때는 이유가 중요하다.
- SNS나 메일 매거진에 댓글을 다는 것만으로도 관계를 구축할 수 있다.

'사람 관찰'만으로도
업무 제안 능력은 향상된다

상대와 정보를 공유하게 되면 무슨 일이 일어날까요? 그 사람의 가치관을 이해할 수 있게 되고 공감할 수 있는 사람이라는 생각이 들게 됩니다. 그 결과, 나중에 함께 일할 가능성도 커지고요.

이를 위해 중요한 역할을 하는 것이 바로 대화입니다. 대화의 목적은 두 가지예요. 친해지는 것과 상대의 사고방식을 조사하는 것이지요. 무엇보다 먼저 친해지는 것에 집중해야 합니다. 마음을 열지 않으면 깊이 있는 조사도 할 수 없으니까요. 조사하지 않으면 후에 제안으로 이어질 수도 없습니다.

그런데 '대화할 때 무엇을 이야기해야 할까?'라고 고민하는 분도 있을 것입니다. 그 의문에 구체적으로 대답해보도록 하겠습니다.

먼저 '중요한 것은 질문력'이라는 점을 이해해야 합니다. 왜냐하면 우리는 서포터이자 뒤에서 조력하는 역할이기 때문이지요. '상대가 무엇을 하고 싶어 하는지', '어떻게 되길 원하는지' 등 먼저 방향성을 파악한 다음, 업무 제안을 하고 싶은 것이기 때문에 우리가 주가 되어 이야기할 필요는 없습니다. 우리는 철저히 경청하며 배움으로써 관계를 구축해나가면 됩니다.

자, 질문을 하려는 단계에 이르렀을 때는 어떻게 해야 할까요? 제가 평상시 신뢰 관계를 구축할 때 의식하는 포인트는 딱 세 가지입니다. 이 세 가지를 단순하게 실천함으로써 자연스럽게 상대방이 이야기를 털어놓게 만들고, 그 사람에게 필요한 업무를 제안할 수 있는 상태로 이끌어 갈 수 있습니다.

그 포인트는 '현재 → 과거 → 미래'라는 시간 축을 따라 질문해 보는 것입니다. 겉으로는 즐겁게 잡담하는 것처럼 보이겠지만 필요한 정보를 조사할 수 있고 다음 기회로 연결할 수 있으며 제안하기가 쉬워집니다. 단순한 흐름 같지만 질문하는 순서는 매우 중요합니다.

먼저 현재에 관해 이야기를 정리합니다. 그 사람이 어떤 사람이고 어떤 일을 하고 있는지 파악하지 않으면 어떻게 대화를 전개해나가야 할지 알 수 없기 때문이지요. 구체적인 질문으로는 '지금 어떤 일을 하고 계시나요?'가 있습니다. 여기서부터는 관심이 있는 부분을 깊이 파고들면 됩니다. 대화의 출발점이 될 것입니다.

'현재' 다음으로는 그 사람의 '과거'에 관해 물어보면서 상대방의 근원을 깊이 파고들어 봅니다. 지금까지의 커리어를 묻는 것도 괜찮겠네요. 더 거슬러 올라가 학창 시절의 추억 이야기를 나누면 의외로 대화가 활기를 띠기도 합니다. 그중에서도 특히 대화 도중 상대방이 기분 좋게 이야기할 가능성이 큰 질문은 다음과 같습니다.

'지금까지 어떨 때 가장 힘드셨나요?'
어려웠던 이야기나 창업하면서 힘들었던 일, 또는 일하면서 크게 실패했던 경험을 물어보면 됩니다. 큰 어려움을 극복한 사람은 그런 주제가 나오면 갑자기 에너지가 생기기 마련이지요.

특히 남성의 경우, 과거의 무용담을 이야기하고 싶어 하는 경향이 있습니다. 상대방의 이야기에 고개를 끄덕이면서 '이 사람이 중요하게 여기는 가치관은 무엇일까?'를 상상하면서 이야기를 들어봅시다. 과거 이야기는 친해지기 위한 것이 목적이지만, 그 사람이 지닌 가치관이 강하게 반영되는 경우가 많기 때문에 이를 잘 파악하는 것이 포인트입니다.

그리고 마지막으로 '미래'에 관해 물어봅시다. 창업가는 미래에 대한 긍정적인 비전을 가지고 있는 경우가 많아 '앞으로 이런 일을 하고 싶다'라고 이야기를 나누는 동안 점점 긍정적인 기분이 들게 마련입니다.

이를 물어보기 위한 구체적인 질문은 바로 이것입니다.
'앞으로 어떤 일을 하시고 싶으신가요?'
이 질문을 던지면 상대방은 앞으로 힘을 쏟고자 하는 사업이나 필요한 리소스에 대해 이야기해줄지도 모릅니다. 미래에 대한 정보를 알면 알수록 현재와의 격차를 가늠할 수 있거 당신이 어떻게 서포트하면 기뻐할지 감을 잡을 수 있게 됩니다. 이 '현재와 미래의 격차'야말로 바로 그 사람이 안고 있는 과제이기 때문이지요.

그 해결책을 생각해본 다음, '제가 이런 것을 할 수 있습니다', '제가 도울 수 있는 일이 있다면 조금이라도 좋으니 도와드리고 싶습니다!'라고 제안하면 됩니다. 아주 간단하지 않은가요?
'당신이 목표로 하는 미래는 정말 멋진 거 같아요. 꼭 응원하고 싶습니다!'라는 마음을 솔직하게 전달하는 것이 중요합니다.

'상대의 과제를 해결한다'라고 하니 왠지 거창해 보이지만, 정말 사소한 서포트라도 상관없습니다. 그 사람의 인생이 아주 조금이라도 나아질 수 있도록 생각해봅시다.
'세미나를 진행 중이신데 거기에 더 힘을 쏟고 싶으시다는 거군요.

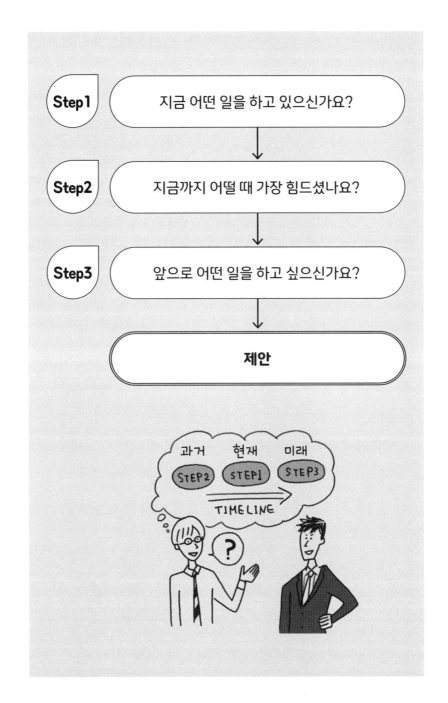

그렇다면, 참가자 관리는 어떻게 하고 있으신가요?' → '그렇다면 제가 엑셀로 관리해드릴까요?'

'어떤 도구를 사용해서 고객을 유치하고 계신가요?' → '영상 프로모션이 효과적일 거 같은데 도와드릴 테니 한번 시도해보시지 않겠어요?'

이런 식으로 말입니다.

'이런 게 있으면 좋지 않겠어요?'라고 물어보고 '그럼 제가 도와드릴게요'라는 흐름으로 이끌어가면 됩니다.

상대방을 관찰하기만 해도 우리 쪽에서 무언가를 제안할 수 있게 됩니다.

제 경우를 예로 들어보겠습니다. 어느 날, 우연히 어떤 분의 스마트폰을 보게 되었는데 앱이 거의 설치되어 있지 않고 기본 상태 그대로였습니다. 그리고 대화를 나누면서 그분이 패션 관련 비즈니스를 하시며 주문은 팩스로 받고 있다는 것을 알게 되었지요. 더욱이 그 사장님은 현장을 떠나 자신이 하고 싶은 일을 더 하고 싶다는 비전을 갖고 계셨어요.

저는 조금이라도 도움이 되고 싶었기 때문에 그분께 "혹시 알고 계실까요? 스마트폰으로도 팩스를 받을 수 있어요. 사무실에서 주문을 확인하지 않더라도 스마트폰으로 확인할 수 있는 방법이에요"라고 제안했습니다. 그러자 사장님이 "자네 정말 대단하군! 좀 더 자세히 듣고 싶으니 내일 우리 회사에 와줄 수 있을까?"라고 말씀하시는 것이 아닌가요! 설마 그 사장님을 만나기 직전에 스마트폰 앱 다운로드 랭킹을 구경했던 경험이 이렇게 도움이 될 줄은 몰랐습니다. 그후, 그분을 도와드리면서 월정액 서포트 요청까지 받을 정도로 신뢰를 얻을 수 있게 되었지요.

이처럼 사람들은 자신에게 부족한 요소를 자각하지 못합니다. 그작은 부족함을 해소할 수 있는 제안을 해보시길 바랍니다.

정리

- 현재 → 과거 → 미래 순서로 물어본다.
- 어쨌든 상대방과 친해지는 것이 중요하다.
- 상대방의 과제를 듣고 해결책을 제안해보자.

'심층 질문'으로 제안 내용을
파악하자

현재, 과거, 미래, 단계별로 질문해봅시다. 이 질문들은 시간 축에 관련된 것들입니다. 하지만 처음 질문을 던지고 '아하, 그렇군요'라고 고개를 끄덕이는 것만으로는 신뢰 관계를 구축할 수 없습니다. 또한 필요한 조사도 충분히 할 수 없고요.

더 흥미진진하게 듣는 자세를 취해서 상대방이 '오! 이 친구, 열심히 내 이야기를 듣고 있네'라고 느낄 수 있도록 하는 것이 중요합니다. 이런 감정을 느끼게 되면 상대방은 더 말이 많아지고 마음을 열어 필요한 정보를 알려줄 것입니다.

저 자신도 자세히 이야기를 들으면 들을수록 그 사람을 응원하고 싶어지는 경우가 많습니다. 업무와 상관없이 '함께 일하게 되면 어

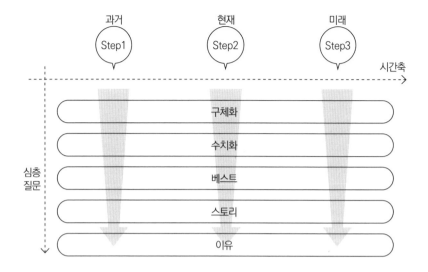

떤 미래가 기다리고 있을까?', '그 사람의 생각에 공감하고, 함께 일
하고 싶다, 응원하고 싶다!'라고 생각하게 되는 것이지요.

그러면 어떻게 하면 상대방에게서 더 깊이 있는 이야기를 끌어
낼 수 있을까요? 바로 이때 사용할 수 있는 것이 '심층 질문'입니다.

다음의 다섯 가지 포인트에 따라 깊이 있게 질문해보면 얻을 수 있
는 정보의 질이 크게 달라질 것입니다. 구체적인 질문 예시도 함께
소개해보도록 하지요.

① **구체화** : '구체적으로 말씀해주실 수 있나요?'
② **수치화** : '숫자로 표현하면요?'

③ **베스트** : '그 일을 하면서 가장 어려운 점은 무엇인가요?'

④ **스토리** : '그 부분에 대해 자세히 들을 수 있을까요? 어떤 변화가 있었나요?'

⑤ **이유** : '왜 그것을 하고 싶다고 생각하셨나요?'

먼저, 개념부터 설명하겠습니다.

사람은 의외로 심층 질문을 받을 기회가 적습니다. 스스로 마음의 내면과 자주 마주하는 습관이 있는 사람이 아니라면 저런 생각을 말로 표현할 기회는 거의 없지요. 그래서 우리가 깊이 있게 질문하면 할수록 상대방은 생각을 정리할 수 있게 됩니다.

차분하게 이야기할 수 있는 상황이라면 질문을 받을수록 상대방은 기뻐하게 마련이지요. 우리도 상대와 친해질 수 있고, 필요한 정보를 확실히 얻을 수 있어 좋습니다. 그러니 앞서 언급한 다섯 가지 질문 포인트를 참고해서 여러 가지 질문을 통해 다음 단계로 나아가도록 합시다.

한 가지 질문을 던진 후에는 더 깊이 있게 듣는 쪽으로 포지션을 전환해야 합니다. 커뮤니케이션 차원에서는 말하는 것보다 듣는 편이 훨씬 더 쉬울 것입니다. 참고로 다섯 가지 접근법에는 달리 정해진 순서가 없으니 적극적으로 활용하시기 바랍니다.

우리가 질문을 통해 가치를 제공하면 대부분의 사람들은 반대로 질문을 던지고는 합니다. 그때 자신의 이야기를 하면 됩니다. '소소한 창업'으로 먹고사는 우리에게는 가치를 제공하는 것이 중요하기 때문에 만나는 사람들에게 자신이 먼저 적극적으로 제공해야 합니다. 그러면 '저는 말주변이 없고 내성적이라 너무 어렵게 느껴지네요…' 하는 분들도 계실지 모르겠네요.

그런 분들은 질문하는 것 자체에 대해 부정적인 이미지를 가지고 있을 가능성이 있습니다. 그렇다면, 이렇게 생각해보면 어떨까요? 질문하는 것은 가치를 제공하는 일이다. 즉, 오히려 우리가 기뻐해야 할 일이라고 말이지요.

기본적으로 우리가 서포트하는 사람들은 누군가를 가르치고 싶어하는 성향을 가진 경우가 많습니다. 그러므로 그들의 이야기를 잘 듣기만 해도 상대에게 큰 기쁨을 줄 수 있습니다. 그들과 함께 미래를 착실히 구상하고 제안해봅시다. 그로 인해 비즈니스를 이어나갈 수 있을 것입니다.

정리 👥

- 상대방의 정보를 구체적으로 이끌어내기 위해서는 '심층 질문'이 유용하다.
- 다섯 가지 접근법으로 심도 있게 이야기를 나누면 상대방의 생각이 명확해진다.
- 질문을 하면 상대방이 기뻐한다.

'돈'보다 '경험'에
투자하라

만난 횟수도 늘어났고 신뢰도도 높아진 상태라면 '이런 서포트를 해드릴 수 있습니다!'라고 상대방에게 적극적으로 제안해보시기 바랍니다.

조사가 완료된 상태라면 제2장에서 소개한 업무들 중에서 어떤 식으로든 서포트할 수 있는 것이 있을 것입니다.

제안하는 방법은 매우 간단합니다. '괜찮으시면 ○○에 대해 도와드릴까요?'라고 단순하게 전하기만 하면 됩니다.

전달할 때는 두 가지 포인트만 신경 쓰면 됩니다.

첫 번째는 '이유'입니다. 왜 그렇게 제안했는지 상대방에게 이유를 확실히 전달하면 관심을 보일 가능성이 커집니다.

두 번째는 '쿨한 뻔뻔함'입니다. '쿨한 뻔뻔함'은 '쿨하고 뻔뻔하게'라는 자세를 나타내는 표현입니다. 이 책을 출간하게 된 계기를 마련해준 행동 습관 전문가 사토 덴(佐藤 伝) 선생님에게 배운 후 늘 중요하게 생각하는 개념이지요. 이것의 기본은 직설적으로 전달하는 것입니다. 빙빙 돌려 말하지 않도록 합시다.

이 두 가지 포인트를 지켰는데도 상대방의 반응이 좋지 않다면 제안 내용을 변경하거나 조사를 다시 해서 재제안하면 됩니다. 처음 도전하는 것이어도 괜찮습니다. 제안한 횟수만큼 성공할 가능성이 커질 것입니다.

그렇다고 해도 자신이 제안한 내용이 정말로 파트너에게 도움이 될지 불안할 수도 있습니다. 일본인은 '다른 사람에게 폐를 끼쳐서는 안 된다'라는 강박관념을 무의식중에 가지고 있기 때문입니다. 이것은 우리 부모 세대로부터 물려받은 것이라고 생각하는데, 그런 쓸데없는 생각은 1초라도 빨리 버리는 편이 좋습니다. 앞으로는 '모든 것은 테스트'라는 사고방식으로 여러 가지를 시도해보는 사람이 승리하는 시대이기 때문입니다.

오해를 무릅쓰고 말하자면, 제안한 내용이 결과적으로 틀렸더라도 전혀 문제가 되지 않습니다. '올바른 제안을 하고 있는지'보다 '제안을 실행해보는 것'이 더 중요합니다. 실수에 예민한 사람은 포커스의 방향이 자기 자신을 향해 있습니다. 요컨대 자기중심적인 사고라 할 수 있지요. '내가 다른 사람에게 어떻게 비칠까?'라는 생각은 점차 바꿔나가도록 해야 합니다.

우리는 인간이기 때문에 시도했는데 잘되지 않는 경우도 당연히 있습니다. 하지만 설령 한두 번 실패하더라도 장기적인 관점에서 상대방과 함께 성장하는 비전을 공유할 수 있다면 전혀 문제가 되지 않습니다. 이를 개선해서 한 걸음씩 앞으로 나아가면 됩니다.

'소소한 창업'으로 살아가는 우리는 '○○ 전문가'로서 기대를 받는 것이 아닙니다. 중요한 것은 파트너로서 클라이언트와 함께 협력해나가는 관계이며, 동료와 함께 성장한다는 마음가짐입니다. 저에게도 그 중요성을 깨닫게 된 에피소드가 있습니다.

구글 광고 자격증을 딴지 얼마 안 되었을 때의 일입니다. 저는 어느 음식점의 광고 운영을 맡게 되었습니다. 하지만 막상 시작해보니 기대했던 효과는 나오지 않았습니다. 클라이언트에게 여러 제안을 하며 방향을 수정하려고 했지만, 어느 것 하나 성과를 내지 못했습니다. 총 20만 엔 정도 비용을 들였지만, 결과적으로 이익을 낼 수 없었습니다. 가게 입장에서는 큰 적자였어요.

클라이언트에게 정말로 죄송했고 저는 크게 낙담했습니다. 하지만 언제까지 우울해할 수는 없었지요. 이대로 계속하면 적자만 늘어날 뿐이었습니다. 일단 광고를 중단하기로 결심하고 클라이언트에게 사과하러 갔습니다. 클라이언트에게 받은 보수대로 성과를 내기는커녕 큰 손해를 입히는 큰 실패를 저질렀으니 어떤 말을 들을지는 대충 짐작이 갔습니다.

'효과가 있을 거라고 해서 맡겼는데, 전혀 효과가 없잖아요! 어떻게 하실 건가요!'

만약 이렇게 화를 내셔도 드릴 말이 없다고 생각한 저는 창백한 얼굴을 한 채 침울한 마음으로 가게로 향했습니다. 그런데 이것이 어찌 된 일일까요? 클라이언트가 이렇게 말하는 것이 아니겠어요?

"이번에 광고 결과가 나오지 않은 점은 정말 유감이에요. 하지만, 다나카 씨와 2개월 동안 일해보니 우리 가게를 얼마나 진심으로 생각해주시는지 알게 되었습니다. 다시 한번 월 3만 엔으로 컨설팅을 부탁드릴 수 있을까요?"

그 순간, 저는 눈앞의 실패에만 신경 쓰고 있던 저의 모습을 깨닫게 되었습니다. 눈앞에 성과를 내려고 서두르다 보니 일이 잘되지 않았던 것이었지요.

그때까지 저는 상대방이 나를 어떻게 볼지에만 신경을 쓰고 있었습니다. 모든 초점이 나 자신에게만 맞춰져 있었던 것이지요. 그런 작은 인간인 제가 너무 부끄러웠습니다.

비즈니스에서는 말할 것도 없이 결과가 매우 중요합니다.
하지만 상대방에게 '신뢰받는 데' 있어서는 결과가 전부가 아닙니다.

'신뢰'란 '그 일에 얼마나 진심을 다했는지', '매사에 어떤 자세로 임하는지'로 평가받는다는 것을 이 경험을 통해 배웠습니다. 저의 존재와 행동 그 자체가 사실은 상대방에게 점점 든든한 지원이 되고 있었던 것이지요.

그날 이후 저는 눈앞의 결과뿐만 아니라 장기적인 관점에서 상대방을 위해 할 수 있는 모든 것을 다 하기로 결심했습니다. '상대방의 진정한 관점이란 무엇인지'를 제대로 이해하게 된 것이지요.

여러분에게 전하고 싶은 것은 '돈보다 경험에 투자하라!'는 것입니다. 즉시 회수하려고 하면 상대방에 대한 서포트를 아끼게 되거나 실패를 두려워하게 됩니다. 오히려 지나칠 정도로 돕는 편이 좋습니다.

"그 정보를 정리해서 조금 조사한 후에 다시 연락드릴게요."
"그런 일을 할 수 있는 사람을 알고 있으니 소개해드릴게요!"

"이 정도라면 돈은 필요 없으니, 제가 대신해드릴게요!"

이런 식으로 계속해서 가치를 제공하다 보면 반드시 언젠가 '돈을 지불할 테니 꼭 함께 일하고 싶다!'라는 말을 듣게 될 순간이 찾아옵니다. 저도 여러 번 경험했습니다.

소소한 창업에서는 장기적인 관점에서 볼 때 '신뢰 잔고'를 늘려가는 것이 최우선입니다. '신뢰'가 쌓이면 돈은 나중에 따라오게 마련입니다. 쌓아온 신뢰가 구체적인 비즈니스로 변하는 시점은 사람마다 다릅니다. A는 1년 후일 수도 있고, B는 3년 후일 수도 있습니다. C는 의외로 1개월 후일 수도 있어요.

5~10명 선으로도 충분하니 언젠가를 위해 신뢰 잔고를 조금씩 쌓아가도록 합시다. 신뢰할 수 있는 몇몇 사람들과 오랫동안 관계를 유지하는 것이 소소한 창업의 철칙입니다.

정리 👥

- 실패를 두려워하지 말고 제안 횟수를 늘려 행동하자.
- 단기적인 결과에 너무 집착하기보다는, 가치 제공을 우선시하자.
- 몇 사람에게라도 계속해서 가치를 제공하면 언젠가는 반드시 보답을 받게 될 것이다.

'소소한 창업'은 정년 후
경제적 불안을 해결해주었다

시노하라 유키코 씨
(篠原 由紀子, 50대·여성·업무기획)

어느 날, 우연히 인터넷에서 본 다나카 씨의 창업 방법에 관심을 가지게 되었습니다. 사무직으로 일하면서 회사에 불만은 없었지만, 회사에 의지하지 않고 자신의 힘으로 경제적으로 독립할 수 있는 기술을 습득할 수 있다는 점은 무척이나 매력적이었습니다.

특히 저의 경우에는 50대 후반이었기 때문에 정년퇴직이나 그 이후의 생활에 대해 실감이 들기 시작했던 탓도 컸습니다. 주변 친구들을 보아도 그렇지만 50대는 육아가 일단락되는 사람이 많고 육아 중심의 생활에서 다시 한번 자신의 인생을 되돌아보는 시기이기도 합니다. 그래서 '그러면, 무엇을 하면 좋을까?' 고민하는 사람도 많을 것입니다.

저 역시 아이들을 다 키우고 앞으로 무엇을 하고 싶은지를 생각했을 때, 미래의 생활을 위해서도 경제적으로 독립할 수 있는 기술이 필요하다고 생각했습니다.

다나카 씨가 제안하는 방법에는 사실 여러 가지 요소와 업무들이 있습니다. 저에게는 해보지 않았던 일들이 대부분이라서 하나하나 배우느라 필사적이었습니다.

그래도 친절하게 정성껏 가르쳐주신 덕분에 어떻게든 따라갈 수 있었습니다. 이때 종합적으로 배운 경험을 토대로 현재에 이를 수 있게 되었다고 실감하고 있습니다. 특히 마케팅의 기본은 '사람의 마음을 어떻게 움직이고, 어떻게 행동하게 할 수 있는가'에 있습니다. 이는 평소 회사에서의 업무와도 통하는 부분이 있어서 저 자신도 커뮤니케이션을 통해 주변 사람들을 어떻게 움직이게 할 수 있을지를 생각하게 되었습니다.

또한, 아마 다른 수강생 여러분들의 생각과 마찬가지로 '모두가 함께 승리한다', '자신만 이익을 얻는 것이 아니라 다른 사람들에게 도움이 되면서 자기실현을 이루어간다'라는 부분이 가장 큰 공감 포인트가 아닐까 생각합니다.

현재는 하루 중 5~6시간을 소소한 창업에 할애하고 있습니다. 저는 야행성이라 주로 퇴근 후 시간을 활용하고 있는데, 간혹 아침 시간이나 회사에서 점심시간 등을 활용할 때도 있습니다. 일 자체가 재미있기 때문에 전혀 힘들지 않았습니다. 육아에서도 해방되었기 때문에 최소한의 집안일만 하면서 제가 하고 싶은 대로 시간을 사용하고 있습니다.

구체적인 업무 내용으로는, 제 경우 세일즈나 영상 촬영 등은 살짝 서툴기 때문에 페이지 제작이나 이에 수반되는 이미지 제작, 카피라이팅 등 '재미있고 좋아하는' 것을 중심으로 일하고 있습니다. 서툰 부분은 다른 사람에게 도움을 받는 스타일입니다.

그중에서도 가장 핵심이 되는 일은 페이스북 광고 운영입니다. 광고 운영은 비교적 운영자의 재량이 크기 때문에 하고 싶은 만큼 할 수 있다는 점이 매력적입니다. 수입 면에서도 많은 달에는 본업의 월급을 가볍게 뛰어넘는 경우도 있고, 적은 달에는 몇만 엔 정도인 경우도 있습니다.

앞으로도 직장 업무와 병행하면서 계속해나갈 생각입니다. 다나카 씨에게서 '회사를 그만두고 독립해보면 어떨까요?'라고 권유받은 적도 있었지만, 저는 역시 기본적으로는 안정 지향적이라서요.

회사에 다닐 수 있는 동안에는 안정된 일을 계속하고 싶고, 그렇다고 그것만으로 시간을 흘려보내기도 지루하기 때문에 여러 가지를 배우면서 자신을 성장시켜나가길 바라고 있습니다.

정리

- 회사에 의존하지 않고 살아갈 수 있는 기술을 습득할 수 있다.
- 사람의 마음을 움직이고 행동하게 하는 것이 포인트가 된다.
- '재미있고 좋아하는 것'을 중심으로 일한다.

제 **5** 장

미래의 커리어를
자유롭게 만드는
'자기 중심축' 구축 방법

회사 안에서 갈고닦은 기술을
회사 밖에서 돈으로 전환하는 방법

'자신만을 위해서'
힘을 내지 못하는 사람일수록
가장 빠르게 성장할 수 있다

제4장에서는 비즈니스에서 좋은 인간관계를 만드는 방법에 관해 이야기했습니다. 지금까지의 지식을 실전에 적용해보면 여러분은 소소한 창업을 향한 첫걸음을 내디딜 수 있게 됩니다. 그리고 '인생의 흔들리지 않는 중심'을 구축해 미래의 커리어를 자유롭게 선택할 수 있게 될 것입니다.

이제 마지막 제5장에서는 여기에서 한 걸음 더 나아가기 위해 어떤 사고방식이 필요한지 구체적으로 알려드리고자 합니다.

소소한 창업의 목표는 사실 소소한 창업, 그 자체가 아닙니다. '회사 외의 비즈니스로 월 몇만 엔에서 월급 정도만 벌면 충분하다'라는 사람에게 굳이 '더 많이 벌자'라거나 '독립해보면 어떻겠냐'

역할	서포터	디렉터	프로듀서
	업무 담당	업무 관리	업무를 만들어낸다
난이도	하	중	상
수입			

라고 권할 생각은 없습니다. 소소한 창업을 하면서 직장인으로서 일을 병행하는 것도 하나의 커리어 전략입니다.

하지만 저는 여러분들이 소소한 창업 그 너머의 미래를 그려보았으면 합니다. 소소한 창업은 어디까지나 '인생'이라는 여정으로 봤을 때 하나의 통과 지점에 불과합니다. 소소한 창업은 이직이나 아르바이트와는 달리 비즈니스나 수입을 크게 확대해나갈 수 있는 미래성이 매우 크다는 점에서 아주 매력적입니다.

저는 좋아하는 사람을 응원하는 조력자로서 일하는 단계를 크게 세 가지로 나누고 있습니다. 첫 번째 단계는 '서포터'입니다. 이는 상대방이 어려워하는 작업을 돕는 태스크 기반의 업무 방식입니다. 이 책에서 다뤘던 '소소한 창업'의 대부분이 이 단계에 해당하지요. 본업 외의 수입으로 월 5~20만 엔 정도를 버는 사람이 많습니다.

두 번째 단계는 '디렉터'입니다. 한 명의 창업가를 서포트할 때 발생하는 모든 작업을 총괄하는 이미지입니다. 소소한 창업의 경우, 서로 다른 능력을 가진 사람들이 팀을 이루어 한 명의 창업가를 종합적으로 서포트하는 경우가 있습니다. 제가 연 강좌의 수강생 중에도 영상 담당과 웹페이지 담당 등으로 역할을 분담하며 성과를 내는 사람들이 있지요.

디렉터는 이러한 팀을 이끌어가는 존재이기도 합니다. 단순한 기준이지만, 수입으로는 월 10~50만 엔 수준을 버는 사람이 많습니다.

그리고 세 번째이자 최종 단계가 '프로듀서'입니다. 작업을 총괄할 뿐만 아니라 매출이나 브랜딩에도 관여해 창업가의 오른팔로 활약하는 방식이지요. 당연히 수입은 크게 뛰어올라 월 100만 엔, 200만 엔을 버는 사람도 드물지 않습니다.

여기서 더 나아간 또 하나의 선택지가 있습니다. 바로 '소소한 창업'이 아니라 '화려한 창업'에 도전해보는 것입니다. '화려한 창업'이란 자신만의 정보나 스토리로 주변 사람들을 끌어들이고 팬을 늘려가는 비즈니스 방식입니다.

저는 소소한 창업을 시작한 후 3년 동안 전혀 인터넷에 얼굴을 드러내지 않고 클라이언트의 '조력자'로서 일해왔습니다. 매우 알찬 나날들이었지요. 하지만 어느 날, 이런 생각이 들었습니다. '나도 나만의 메시지로 소소한 창업을 널리 알리고 싶다'라고 말이지요. 저의 삶의 방식과 생각을 공개하고 그 생각에 공감해줄 동료들을 늘려가고 싶다고 말입니다. 그래서 SNS를 활용해 제 경험과 노하우를 세상에 알리기 시작했습니다.

당시 소소한 창업을 통해 배운 비즈니스 경험과 이를 통해 만났거나 함께 일했던 사람들의 소개와 응원이 있었기에 비즈니스는 곧바로 궤도에 올랐습니다.

처음에는 직장인이라면 누구나 할 수 있는 서포트 업무부터 도전해보는 것을 추천하지만, 장래에 어떤 생각의 변화가 찾아올지는 아무도 모르는 일입니다.

상대방의 요구에 맞춰 여러 도전을 계속해봄으로써 자신을 성장시킬 수 있다면, 미래에는 어떤 커리어를 쌓을지 우리 스스로 선택할 수 있게 될 것입니다. 소소한 창업이라는 스타일에는 무한한 가능성과 성장성이 있습니다.

각 장의 말미에 소개된 실제로 소소한 창업을 시도한 사람들의 사례 외에도 서포터로 시작해 디렉터, 프로듀서까지 단계적으로 올라선 사람들이 많습니다. 그중에는 소소한 창업을 시작한 첫 달에는 1만 엔을 벌었지만, 2년 만에 매출 2억 엔을 달성한 강자도 있습니다.

제가 프로듀서로서 일하는 방식과 성공 사례를 직접 이야기하는 '실천 강좌'에는 강좌 개강 이래로 300명 이상이 참가했으며, 수강생들의 매출을 총 30억 엔 이상 증가시켜왔습니다. 자화자찬 같을지도 모르겠지만, 이 정도로 눈에 보이는 성과를 낸 창업 강좌는 일본에서도 손에 꼽을 것입니다.

인생을 크게 변화시킬 수 있는 잠재력이 바로 소소한 창업에 숨어 있습니다. 우리가 회사 안에서 갈고닦은 기술은 회사 밖을 나가면 돈으로 바뀔 것입니다. 또한 작게 시작해 크게 벌 수 있고, 평생 벌 수 있는, 세상에서 가장 안전하게 일하는 방식이라고 할 수 있습니다.

지금까지 평생 벌 수 있는 수입을 최대로 만드는 방법에 관해 이야기했습니다. 하지만 제가 정말로 전하고 싶었던 것은 '돈을 버는 것'이 아닙니다. '자신을 성장시키는 것'도 매우 중요합니다. 이를 위해서는 혼자서 꾸준히 부업하는 것만으로는 부족합니다.

진정한 '성장'은 누군가를 응원하는 경험을 통해 얻을 수 있습니다. 소소한 창업은 '자신만을 위해서'는 그다지 힘을 내지 못하는 지극히 평범한 사람들을 위한 일하는 방식입니다.

인간은 의지력이 약하기 때문에 혼자서 하려고 하면 금세 게으름을 피우게 됩니다. 하지만 함께 성장하는 동료가 있다면 이야기는 달라지지요. 누군가를 위해 열심히 노력하고 동료와 함께 성장하는 것은 자신의 한계를 크게 확장시켜주는 효과가 있어요. 그래서 좋아하는 사람을 응원하다 보면 결과적으로 자신을 계속해서 성장시킬 수 있고, 큰 성과를 낼 수 있습니다. 그것은 돈뿐만 아니라 인간관계와 정신적인 충실감으로 이어집니다.

모든 사람이 갑자기 단번에 성장할 수 있는 것은 아닙니다. 작은 일을 경험하면서 조금씩 지식과 기술, 인간관계를 쌓아가야 합니다. 부디 소소한 창업을 계기로 우리 자신을 성장시키길 바랍니다. 그리고 소소한 창업을 경험해봄으로써 여러분이 이상적인 인생을 살아가시길 진심으로 기원합니다.

> **정리** 👥
>
> • 소소한 창업으로 끝나는 것은 아깝다.
> • 서포터로 시작해 프로듀서가 될 수도 있다.
> • 소소한 창업으로 자신을 성장시키자.

인생을 바꾸는 마법의 지팡이
'어필력'

'자기 중심축'을 갖고 미래를 선택할 수 있으려면 장기적으로 '어필력'을 길러야 합니다. '어필력'이란, 사람들을 행동으로 이끌고 매출을 창출할 수 있는 능력을 말하지요. 이 능력이 있으면 비즈니스를 할 때 더 짧은 시간 안에, 더 높은 확률로 성공할 수 있습니다.

하지만 처음부터 그런 '마법의 지팡이'를 가진 직장인은 없습니다. 저도 그랬지요. 그런 능력이 있었다면 처음부터 화려한 창업을 해서 잘 나갔을 것입니다. 그렇기 때문에 실제로 소소한 창업을 해보면서 점차 '어필력'을 길러나가시길 바랍니다.

'서포터 → 디렉터 → 프로듀서'가 될수록 보수와 영향력이 증가하는 이유는 비즈니스를 컨트롤하는 책임이 늘어나기 때문입니다. 즉, '어필력'을 가진 프로듀서가 클라이언트에게 최고의 결과를 가져다줍니다.

프로듀서로서 활약하기 위해서는 단순히 서포트하는 것만으로는 부족합니다. 리더십을 발휘해 계속해서 잘 팔리기 위한 전략을 제시하고, 클라이언트의 비즈니스를 성장시킬 필요가 있습니다.

함께 일하는 사람이나 판매하는 상품이 바뀌더라도 언제 어디서든 흔들리지 않는 '어필력'이 있다면, 언제 어디서든 평생 먹고살 수 있습니다. 부디 이 책에서 소개한 실천 방법을 통해 서포터로서 경험치를 쌓으면서 어필력을 갈고 닦으시길 바랍니다.

우리는 '어필력'을 가짐으로써 폭넓게 사회에 공헌할 수 있습니다. 저도 '어필력'이 있기 때문에 '하고 싶은 일'에 계속 도전할 수 있었습니다. 어필력이 있으면 물건이나 서비스를 판매하는 것뿐만 아니라 사람을 돕고자 할 때 자금을 모으는 일도 할 수 있습니다.

예를 들어, 최근에 우간다의 '전 소년병 사회 복귀 프로젝트'라고 하는 분쟁 등으로 인해 도움이 필요한 사람들을 위해 기부금을 모으는 프로젝트를 도운 적이 있습니다. 이 프로젝트는 모든 생명이 안심하고 생활할 수 있는 사회(세계 평화)의 실현을 목표로 하는 인정 NPO 법인 테라 르네상스의 오니마루 마사야(鬼丸 昌也) 씨와 함께 진행했습니다.

결과부터 말하자면 약 100명에게서 지원을 받았고, 950만 엔이 넘는 기부금을 단 일주일 만에 모을 수 있었어요. 물론 저도 프로젝트에 참여한 만큼 기부를 했고요. 이 프로젝트의 경우 자원봉사자로 참여했지만 '어필력'이 있었기 때문에 많은 사람들의 협력을 이끌어내 이런 성과를 낼 수 있었습니다.

이렇게 '어필력'이 있으면 어떤 프로젝트라도 성공할 확률이 크게 높아집니다. 소소한 창업을 계속하고 단계별로 성장하기를 바란다면 반드시 어필력을 길러야 합니다.

어필력이 있으면 여러분이 정말 필요하다고 생각하는 콘텐츠를 프로듀스해 사회에 공헌할 수 있습니다. 클라이언트를 응원하면서 세상에 큰 영향을 미칠 가능성이 우리를 기다리고 있는 것이지요.

따라서 이런 소소한 창업은 아르바이트나 단순한 부업과는 달리 꿈이 있는 미래의 새로운 커리어 전략 중 하나라고 할 수 있습니다.

정리

- 어필력이 있으면 선택의 폭이 넓어진다.
- 프로듀서는 사회 공헌도 할 수 있다.
- 소소한 창업은 미래의 커리어 전략이다.

'장기적인 관점'으로
커리어 계획을 세우자

저는 소소한 창업에 일찍 뛰어들길 잘했다고 실감하고 있습니다. 애초에 회사를 떠난 이유는 장래에 대한 불안을 느꼈기 때문이었지만, 사실 가장 큰 이유는 제가 회사 업무에 서툴렀기 때문이지요.

저는 어릴 때부터 무엇을 하든 배우는 속도가 느린 편이었습니다. 가장 기억에 남는 경험은 체육 시간에 철봉에서 거꾸로 돌기를 연습했을 때의 일입니다. 처음에는 모두가 처음 해보는 거꾸로 돌기에 어려움을 겪었지만, 시간이 지나자 요령이 있는 아이들은 능숙하게 회전하기 시작했어요.

하지만 저만은 몇 번을 시도해도 거꾸로 돌기에 성공할 수 없었어요. 매일 같이 철봉 훈련을 해야만 하는 날들이 계속되었습니다.

얼마 지나지 않아 많은 아이들이 철봉에 싫증을 느끼고 축구나 농구 등 구기 종목에 흥미를 갖게 되었어요. 하지만 저는 오로지 철봉과 계속 씨름했지요. 그리고 마침내 거꾸로 돌기를 마스터하게 되었고, 철봉을 더 깊이 익히고 싶다는 생각했습니다. 몇 년이 지나고 나니 저는 철봉에서 빙글빙글 돌 수 있는 수준이 되었고, 철봉만큼은 누구에게도 지지 않게 되었어요.

이러한 경험을 통해 저는 인생의 교훈을 얻었습니다.

'나는 다른 사람들보다 배우는 속도가 느리다. 그래서 무언가를 습득하려면 남들보다 빨리 도전하고 오랫동안 지속할 필요가 있다. 오래 지속하면 반드시 빛이 보일 거다. 그 대신 남들보다 늦게 시작하면 따라잡기 어려우니 '이거다!' 싶은 것을 찾으면 무조건 남들보다 조금이라도 빨리 시작하자.'

그날 이후로 '빨리 시작해서 오래 지속하기'는 제 머릿속에 성공 패턴으로 각인되었습니다. 회사에 의존하지 않고 살아가기 위해 비즈니스에 도전하기로 결심했을 때, 7년 안에 연봉 1,000만 엔을 벌자고 목표를 설정했어요. 이는 화려한 창업 세계에서는 아주 느긋하고 소박한 목표지요.

오늘날에는 '3개월 안에 100만 엔을 벌 수 있다'라는 광고 문구를 자주 접할 수 있습니다. 하지만 모든 면에서 느린 제가 이를 단기간에 달성할 자신은 전혀 없었습니다. 그래서 일부러 장기적인 관점에서 인생 설계를 한 것이지요.

7년이라는 기간 동안은 '자신감을 잃거나 어떤 어려움에 부닥치더라도 다양한 도전을 통해 능력과 경험을 쌓으며 계속해서 성장하겠다!'라고 다짐했습니다. 결과적으로는 1년 조금 지나서 목표를 달성하게 되었지만 말이지요.

대부분의 사람들은 무언가에 도전할 때 시간 축을 길게 설정하지 못합니다. 거기에 기회가 있습니다. 남들보다 더 긴 시간 축으로 인생을 설계하면 더 이상 도전에 두려움을 느끼지 않게 될 것입니다. 그러니 강력하게 추천합니다.

20대 후반, 미래에 대한 불안을 느끼고 인생에 혼란을 겪었을 때 떠올린 것도 이 성공 패턴이었습니다.

'내 경우에는 40세, 50세가 되어 위기의식을 느끼고서야 급하게 회사를 뛰쳐나오는 것보다, 젊었을 때 1초라도 빨리 회사를 나오는 편이 리스크가 적을 것이다.'
'지금 나이라면 조금 실패하더라도 직장인으로 돌아갈 수 있을 것이다.'
'어쨌든 빨리 창업의 길을 모색해보자.'

이런 생각 끝에 저는 회사에 사직서를 제출했습니다. 지금 생각해 보면 회사에 다니면서 소소한 창업을 시작하는 방법도 있었을 텐데 말이지요. 그리고 회사에 다니면서 벌었던 돈을 여러 학원에 다니면서 쏟아부을 필요도 없었을 것이고요.

하지만 그 모든 것이 저다운 필연적인 우회로였다고 생각합니다. 오랜 시간을 들여 무언가를 습득한다는 저만의 성공 패턴을 재현한 것이니까요.

소소한 창업을 시작하는 데는 나이도 성별도 전혀 상관없습니다. 몇 살에 시작하든지 절대 늦은 것이 아닙니다. 여러분들도 이 책을 읽고 소소한 창업에 흥미를 느꼈다면 곧바로 행동에 옮기시길 바랍니다.

정리

- 무언가에 도전할 때는 시간 축을 길게 설정하자.
- 소소한 창업으로 '돈'과 '보람'을 둘 다 얻을 수 있다.
- 1초라도 빨리 시작하는 것이 리스크가 적다.

평범한 사람이기 때문에 선택할 수 있는
사상 최강의 커리어 전략

여기까지 읽고 소소한 창업의 진입 장벽이 낮다는 것을 충분히 이해하셨으리라 생각합니다. 하지만 이 책의 마지막에도 한 번 더 강조해두고자 합니다.

비즈니스 서적 리뷰를 보면 종종 '그렇지만 저자는 원래 특별한 재능이 있었다'라든지, '일반 사람에게 적용하기는 어렵다'라는 내용이 적혀 있습니다. 하지만 이 책을 쓰고 있는 저는 결코 특별한 사람이 아니며 오히려 평범한 사람입니다. 실제로 저는 성공한 사람에게 "이런 말을 해서 죄송한데, 당신은 전혀 성공할 것처럼 보이지 않는다"라는 말을 들은 적도 있어요.

제가 어느 창업 스쿨에 입학하려고 했을 때의 일입니다. 그 스쿨은 돈을 낸다고 해서 누구나 입학할 수 있는 것이 아니라 사전에 면접을 봐야 했어요. 면접에 통과하지 못하면 창업 스쿨을 다닐 수 없었던 것이지요. '잘해야겠다'라고 마음먹은 저는 갖고 있던 옷 중에서 그나마 괜찮아 보이는 정장을 입고 면접에 임했습니다. 실적이나 경험이 전혀 없는 저로서는 정장을 입고 가는 정도가 최선이었더랬지요.

두 명의 면접관은 저처럼 평범한 직장인이 아닌, 수많은 전쟁을 치른 베테랑 창업가들로, 저와 같은 또래의 창업가 한 명과 저보다 한참 나이가 많아 보이는 경험이 풍부한 창업가 한 명이었습니다. 면접을 보는 주변 사람들도 모두 창업가였고, 유일하게 아무런 실적이 없었던 저는 그 분위기에 완전히 압도되고 말았어요.

너무 긴장한 나머지 기억이 잘 나지 않지만, "당신에게 있어 마케팅이란 무엇인가요?"와 같은 질문을 받았던 것 같습니다. "마케팅이라는 단어는 처음 들어보는데요"라고 말하고 싶을 정도의 수준이었던 저는 대답하는 데 어려움을 겪었어요. 면접을 치르는 내내 제 등에는 식은땀이 흘러내렸습니다.

그런 중에, 엎친 데 덮친 격으로 충격적인 일이 저에게 일어났습니다. 젊은 창업가가 저를 위아래로 쭉 훑어보더니 이렇게 말하는 것이 아닌가요. "당신을 보니 양말 색깔에서 넥타이 색깔까지, 전혀 성공할 것처럼 보이지 않아요. 죄송하지만, 당신은 전혀 성공할 것 같지 않네요."

완전 직구로 부정당한 저는 크게 좌절했습니다. '아우라가 없다', '자신감이 없어 보인다'라고 했다면 그럴 수도 있겠다고 납득하겠는데 '성공할 것처럼 보이지 않는다'라니…. 그 말에는 어떠한 희망도 느껴지지 않았습니다.

이후 어떤 식으로 대화를 주고받았는지 기억조차 나지 않아요. 면접 중에는 너무 부끄러워서 얼굴에서 불이 나는 것만 같았어요. 면접이 끝난 후 의기소침한 마음으로 집으로 돌아가는 길에, 분노인지 슬픔인지 모를 감정이 몰려왔습니다.

'내가 어떤 사람인지 아무것도 모르면서….'
'아직 아무것도 하지 않았는데, 성공하지 못할 거라니 무슨 막말이야?'
'성공하지 못할 양말 색이라니? 그런 걸 누가 알겠어!'

더 이상 스쿨에는 참가하지 않겠다고 결심하고 한동안 우울하게 지냈습니다. 그러던 어느 날, 연상에 경험이 많아 보였던 창업가에게서 뜻밖의 전화를 받았습니다.

소소한 자본으로도 할 수 있는 창업 아이템

저는 그분에게 자신감을 잃었다는 것과 부끄러운 일을 겪었던 곳에서는 활약할 수 없을 것 같다고 솔직하게 털어놓았어요. 이런저런 대화를 나누고 상담하면서 그분은 "괜찮아요, 같이 해보지요!"라고 격려해주셨고, 결국 스쿨에 다시 참석하게 되었습니다.

그때 제게 힘을 실어주시고, '어필력'뿐만 아니라 비즈니스의 전반적인 부분을 가르쳐주셨던 분이 바로 주식회사 컨설턴트 래버러토리의 기타노 데쓰마사(北野 哲正) 씨였습니다.

당시 기타노 씨의 연락이 없었다면 아마 저는 창업할 용기를 내지 못했을 것입니다.

어쨌든 '전혀 성공할 것 같지 않다'라는 말을 들었던 제가 우여곡절 끝에 창업을 했고 어떻게든 생활할 수 있게 되었습니다. 그리고 지금은 후배들을 지도하거나 이렇게 책을 쓰기도 하고 있지요.

예전의 저처럼 능력도 실적도 없고 아우라도 없으며 인맥도 없는 평범하고 눈에 띄지 않는 사람이 성공할 수 있는 가장 간단한 방법은 '누군가를 응원하는 것'입니다. 누군가의 서포터가 되어 돈을 받으면서 실적을 쌓아나가는 것이지요. 그렇게 하면 반드시 길이 열릴 것입니다.

'지금의 나에게는 자랑할 만한 것이 아무것도 없다'라고 생각하는 사람일수록 올바른 방법을 올바르게 지속한다면, 반드시 결과를 낼 수 있다고 생각하시길 바랍니다. 자신의 인생은 얼마든지 바꿀 수 있으니까요.

정리 👥

- 특별한 재능이 없기 때문에 오히려 소소한 창업을 할 수 있다.
- 누군가를 서포트하는 과정에서 미래로 향하는 길이 열린다.
- 자신의 인생은 어떤 방향으로든 변화시킬 수 있다.

　지금까지 이 책을 읽어주셔서 정말 감사합니다. 처음으로 출판한 책이라 제 생각과 경험, 그리고 노하우를 정성스럽게 담았습니다. 이 책을 읽으면서 이미 성과를 낸 선배들을 따라 '소소한 창업'을 실천해 인생을 선택할 수 있는 미래를 잡으시길 바랍니다. 무엇보다도 언젠가 직접 만나 뵙게 된다면 정말 기쁠 것 같습니다.

　이 책에서는 '좋아하는 일을 비즈니스로 하기보다 좋아하는 사람의 비즈니스를 응원하면 더 성공할 것'이라는 메시지를 전했습니다. 앞날이 불확실한 오늘날, 혼자서 노력할 수 있는 일은 그리 많지 않습니다. 혼자서 묵묵히 노력하는 것보다 동료들과 함께 성장하는 것, 그것이 개인이 빛날 수 있는 시대의 진정한 인생 전략입니다.

저는 이러한 일하는 방식을 '모두가 함께 승리하자!'라고 제안하며 실천해오고 있습니다. 이 책도 저 혼자 힘으로 나온 것이 아니라 지금까지 함께해준 많은 동료들과 가족들의 지지가 있었기에 세상에 내놓을 수 있었습니다.

주식회사 더 리드에서 함께 일하는 동료들이 저를 지지해준 덕분에 이 책을 집필하는 데 집중할 수 있었습니다. 동료들의 성공 사례가 있었기에 이 책에서 구체적인 사례를 소개할 수 있었습니다.

가족의 존재도 매우 컸습니다. 먼저, 저를 건강하게 키워주신 부모님께 감사드립니다. 갑작스럽게 창업을 한다고 해서 지금까지 많은 걱정을 끼쳐드렸지만, 이제부터는 천천히 효도하겠습니다. 그리고 바쁜 일상 속에서 아내의 헌신적인 지원이 없었다면 이 책을 완성할 수 없었을 것입니다. 항상 저를 지지해줘서 고마워요.

이제 정말 마지막 메시지네요.

부디 이 책을 계기로 작은 한 걸음을 내딛어보시길 바랍니다. 지금 평범한 상태라도 눈에 띄지 않더라도 자신감이 없더라도 괜찮습니다. 누군가를 응원하는 삶이 당신을 더 크게 성장시켜줄 것입니다. 여러분의 삶에 1mg이라도 좋은 영향을 미칠 수 있었다면 저자로서 이보다 더 행복한 일은 없을 것입니다.

끝까지 읽어주셔서 정말 감사합니다.

다나카 유이치(田中祐一)

소소한 자본으로도 할 수 있는 창업 아이템

제1판 1쇄 2025년 6월 11일

지은이   다나카 유이치(田中祐一)
옮긴이   이성희
감 수   서승범
펴낸이   한성주
펴낸곳   ㈜두드림미디어
책임편집   최윤경
디자인   디자인 뜰채 apexmino@hanmail.net

㈜두드림미디어
등 록   2015년 3월 25일(제2022-000009호)
주 소   서울시 강서구 공항대로 219, 620호, 621호
전 화   02)333-3577
팩 스   02)6455-3477
이메일   dodreamedia@naver.com(원고 투고 및 출판 관련 문의)
카 페   https://cafe.naver.com/dodreamedia

ISBN   979-11-94223-57-3 (03320)